U0571750

汽车机电维修典型项目教程

主　编　张义军　周豪波　陈超杰
副主编　张　东
参　编　钟　亮　毛成萍　吕　波
　　　　沈张松　严潇雨
主　审　张伯正　黄　宵

北京理工大学出版社
BEIJING INSTITUTE OF TECHNOLOGY PRESS

内容简介

　　本书主要内容有配气机构的拆装与检测，气缸盖拆装与检测，气缸磨损的检测，曲柄连杆机构的拆装与检测，起动机拆装、检测与诊断，转向器总成拆装与检修，制动总成检测，车轮轮胎更换及动平衡检测，发动机机油的更换、汽车空调制冷循环系统维护，汽车起动充电性能检查与保养，发动机电气故障诊断基本流程，汽车灯光系统检查与维修，发动机无法起动故障诊断，数据流分析，01N 型自动变速器拆装等。

　　本书可作为岗位培训用书，供相关人员选用。

图书在版编目（CIP）数据

汽车机电维修典型项目教程 / 张义军，周豪波，陈超杰主编 . -- 北京：北京理工大学出版社，2025.1.
ISBN 978-7-5763-4793-7

Ⅰ . U472.41

中国国家版本馆 CIP 数据核字第 2025KJ9655 号

责任编辑: 陈莉华	**文案编辑:** 李海燕
责任校对: 周瑞红	**责任印制:** 施胜娟

出版发行 / 北京理工大学出版社有限责任公司

社　　址 / 北京市丰台区四合庄路 6 号

邮　　编 / 100070

电　　话 /（010）68914026（教材售后服务热线）
　　　　　　（010）63726648（课件资源服务热线）

网　　址 / http://www.bitpress.com.cn

版 印 次 / 2025 年 1 月第 1 版第 1 次印刷

印　　刷 / 定州市新华印刷有限公司

开　　本 / 889 mm × 1194 mm　1/16

印　　张 / 11.5

字　　数 / 243 千字

定　　价 / 82.00 元

在本书编写中，我们着力解决以下几个问题。

一、教什么？——教授最典型、最常用的技能项目

在日常专业教学过程中，教师往往要具备两个能力，即教学能力和专业能力，要求教师既会教，又会干。实际上，教师的教学能力往往比专业能力重要得多。所谓"会教"，就是要求教师用最平实的教学语言，结合最恰当的教学方法，向学生传授最基本的专业理论知识与操作技能。从行业角度来讲，在实际操作过程中，所涉及的专业技能点往往不是"最难的"，而是"最典型、最常用"的专业操作技能点，所谓"最典型技能项目"就是指学生学习这些技能项目以后，到一般汽修店或者4S店工作或实习时，都能"用得上"，而这往往也是企业和资深师傅要求学生所应具备的专业能力。对于那些一来就能顶岗上任的学生，各企业都会给予肯定以及很高的评价。正是基于以上思路，本书对于项目理论内容进行简单化，实践内容力求是企业最典型、最常用的专业技能点，进行规范化的操作评价，可操作性强。

二、如何教？——用最直观、最原始的方法传授

本书共有16个项目，主要涵盖了汽车发动机、制动系统、电气部分的实训模块，在本书编写上，我们始终坚持以下四点：①用"图片、视频"说话，去除过多的理论知识讲解，每个项目的操作标准化流程都以"高清、高质量、高像素的实物图片和视频微课"进行直观展示。②用"考核评价"衡量，对于操作是否达标、操作过程是否规范等方面都通过项目对应的操作考核要点来评定，推出"实训项目记录单""实训项目考核评价表"，让学生"边操作、边记录、边评价"，以此达到"做中学"的效果。③紧贴"维修实践"。我们与嵊州市汽车维修行业协会开展深层次合作，共同制定项目标准化操作流程及考核评价标准，紧密联系汽车维修企业工作流程，秉承"教最典型的、最常用的专业技能，用最直观、最原始的方式呈现"等职教理念，实现校、行、企的深入对接。④对接"技能认定"。教材中的部分实训项目以汽车机械维修工中级的实操考核项目为蓝本，全面引入技能等级认定的评价体系，标准化操作要求等内容，全方位地充实各个实训项目的操作要点。⑤培养"7S管理与服从"意识，在实际调研走访中，我们发现企业比较看重学生的"7S管理与服从"意识，即要考

察学生的大局观，看学生进入企业后，能否融入企业文化及环境中，用自身的技能服务社会，促成分工协作、团结互助的工作作风。

三、如何学？——适合学生"做中学"

本书主要适用汽车相关专业课程。在具体的教学实施过程中，学生可以分为两组（一般最多为 16 个学生），一组学生可以对照教材中的操作步骤、教学微视频先进行示范操作，另一组学生现场观摩，每完成一个实训项目，两个组交换一次，保证每组学生至少能看一边做一遍，便于学生在观摩中相互讨论，在操作中相互交流。

本书共十六个教学项目，参考学时为课时，各任务参考课时如下：

	课 程 内 容	理论课时	实践性课时	合计
1	配气机构的拆装与检测	2	6	8
2	气缸盖拆装与检测	2	6	8
3	气缸磨损的检测	2	6	8
4	曲柄连杆机构的拆装与检测	2	6	8
5	起动机拆装、检测与诊断	2	6	8
6	转向器总成拆装与检修	3	9	12
7	制动总成检测	2	6	8
8	车轮轮胎更换及动平衡检测	2	6	8
9	发动机机油的更换	2	10	12
10	汽车空调制冷循环系统维护	2	6	8
11	汽车起动充电性能检查与保养	3	9	12
12	发动机电气故障诊断基本流程	3	9	12
13	汽车灯光系统检查与维修	2	6	8
14	发动机无法起动故障诊断	3	5	8
15	数据流分析	3	5	8
16	01N 型自动变速器拆装	2	6	8
	合　　计	37	107	144

本书由嵊州市职业教育中心张义军、周豪波，永康市职业技术学校陈超杰担任主编；嵊州市职业教育中心张东担任副主编；嵊州奔跃汽车有限公司张伯正，嵊州市职业教育中心学校黄宵担任主审。嵊州市职业教育中心钟亮、毛成萍、吕波、沈张松、严潇雨也参与了本书的编写。由于编者水平有限，书中难免存在疏漏之处，敬请读者给予批评指正。

编　者

目录

项目一　配气机构的拆装与检测…………………………………………………………… 1

项目二　气缸盖拆装与检测…………………………………………………………… 12

项目三　气缸磨损的检测…………………………………………………………… 21

项目四　曲柄连杆机构的拆装与检测…………………………………………………………… 31

项目五　起动机拆装、检测与诊断…………………………………………………………… 43

项目六　转向器总成拆装与检修…………………………………………………………… 54

项目七　制动总成检测…………………………………………………………… 68

项目八　车轮轮胎更换及动平衡检测…………………………………………………………… 84

项目九　发动机机油的更换…………………………………………………………… 94

项目十　汽车空调制冷循环系统维护…………………………………………………………… 104

项目十一　汽车起动充电性能检查与保养…………………………………………………………… 116

项目十二　发动机电气故障诊断基本流程…………………………………………………………… 125

项目十三　汽车灯光系统检查与维修…………………………………………………………… 136

项目十四　发动机无法起动故障诊断…………………………………………………………… 145

项目十五　数据流分析…………………………………………………………… 154

项目十六　01N 型自动变速器拆装…………………………………………………………… 164

参考文献…………………………………………………………… 178

项目一

配气机构的拆装与检测

一辆大众桑塔纳汽车车主来店反映汽车动力不足，燃油消耗量增加，希望恢复车辆技术状况（2019 款桑塔纳，行驶里程数 65 456 km）。

项目描述 →

经检测，发现发动机气缸压缩压力低于技术要求，往燃烧室内加入少量机油后，进行湿气缸压缩压力测试，发现气缸压缩压力值基本无变化，初步诊断气门密封不严，需要对配气机构进行解体检查。

项目目标 →

根据配气机构拆检规范进行拆卸，检查调整。

1. 知识目标

叙述发动机配气机构各零部件的名称、安装位置及作用。

2. 技能目标

1）独立制定发动机气门组的拆装步骤。

2）掌握气门密封性的检测方法。

3）能正确地使用工具、量具。

理论知识 →

一、配气机构的作用

配气机构是进、排气管道的控制机构，它按照气缸的工作顺序和工作过程的要求，准时地开闭进、排气门，向气缸供给可燃混合气（汽油机）或新鲜空气（柴油机）并及时排出废气。另外，当进、排气门关闭时，保证气缸密封。顶置式气门中，气门组包括气门、气门导管、气门组、副弹簧、气门弹簧座、锁片等。气门传动组则由摇臂轴、摇臂、推杆、挺柱、凸轮轴和定时齿轮组成。顶置式气门配气机构如图1-1所示。

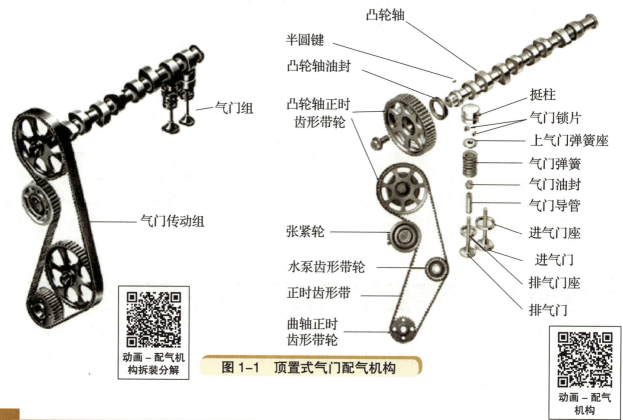

气门组

气门传动组

凸轮轴
半圆键
凸轮轴油封
凸轮轴正时齿形带轮
挺柱
气门锁片
上气门弹簧座
气门弹簧
气门油封
气门导管
进气门座
进气门
排气门座
排气门
张紧轮
水泵齿形带轮
正时齿形带
曲轴正时齿形带轮

动画-配气机构拆装分解

图1-1 顶置式气门配气机构

动画-配气机构

二、配气机构的组成

配气机构可以分为气门组和气门传动组。

1. 气门组

气门组包括气门、气门座、气门导管、气门弹簧、锁片、卡簧等零件，如图1-2所示。

气门组的作用是封闭进、排气道，保证气门对气缸的密封性，气门传动组的作用是驱动配气机构，使进、排气门按配气相位规定的时刻

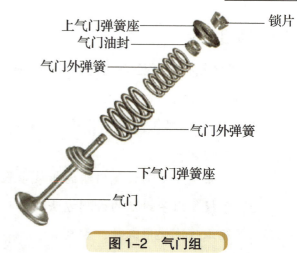

上气门弹簧座
气门油封
气门外弹簧
锁片
气门外弹簧
下气门弹簧座
气门

图1-2 气门组

进行开启与关闭控制。

（1）气门

气门的功用：与气门座相配合，对气缸进行密封。

气门的组成：气门由头部、杆身和尾部组成。

（2）气门导管与气门座

气门导管，如图 1-3 所示，保证气门做直线往复运动，使气门与气门座能正确贴合。为了保证导向，导管应有一定的长度，气门导管的工作温度也比较高，约 500 K，气门导管还可以将气门头部传给杆身的热量传给气缸盖。

气缸盖上进、排气门与气门锥面相贴合起密封作用的部位称为气门座，同时接收气门头部传来的热量，起到散热的作用。

（3）气门弹簧、锁片

气门弹簧与锁片如图 1-4 所示。

气门弹簧的作用：使气门自动复位关闭，保证气门与气门座的座合压力；吸收气门关闭过程中各传动零件产生的惯性力；防止各个传动件彼此分离而破坏配气机构正常工作。

锁片的作用：在气门弹簧力作用下，把弹簧座和气门杆锁住，使弹簧力作用到气门杆上。

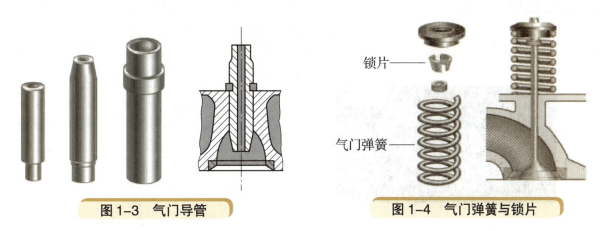

图 1-3　气门导管　　　　图 1-4　气门弹簧与锁片

（4）气门油封

气门油封是一个橡胶密封圈，既能密封气门导管，防止机油泄漏到气缸内，又能够让极少量的机油流过橡胶密封圈，润滑气门杆和气门导管。

2　气门传动组

气门传动组包括凸轮轴、凸轮轴正时齿轮、挺柱、推杆、摇臂等。

（1）凸轮轴

凸轮轴如图 1-5 所示，其作用是驱动和控制发动机各缸气门的开启和关闭，每个进、排气门分别有相应的进气凸轮和排气凸轮。凸轮的形状影响气门的开闭时刻及高度，凸轮的排列影响气

图 1-5　凸轮轴

门的开闭时刻和工作顺序。

凸轮的形状：气门的开、闭时刻及其升程变化规律主要取决于控制气门的凸轮外部轮廓曲线。

（2）挺柱

挺柱的功用：将凸轮的推力传给推杆或气门，并承受凸轮轴旋转时所施加的侧向力。近年来，液压挺柱被广泛采用。

（3）推杆

下置式凸轮轴配气机构中有细长的推杆，推杆的作用是将挺柱传来的凸轮推力传递给摇臂机构。

（4）正时皮带

发动机正时皮带的作用是将曲轴正时齿轮的动力传递给凸轮轴的正时齿轮，并且保证曲轴正时齿轮与凸轮轴正时齿轮有正确的相对位置，使发动机的进气门和排气门在适当的时候开启或关闭，保证发动机的气缸能够正常吸气和排气。

视频 – 配气机构拆装与检修

项目实施 →

步序	图示	操作步骤	
1		操作内容	工量具和材料
		技术要求	磁性笔、一字起、气门油封拆装工具、气门油封拆装钳、吸棒、橡胶锤、气门弹簧拆装工具、化油器清洗剂、机油枪、吸油纸、千分尺座、高度尺、千分尺、汽车维修手册
		安全隐患	安全操作以防工具、台架掉落
2		操作内容	取出各缸的气门挺柱
		技术要求	拆卸时将气门挺柱做上标记，气门挺柱不可互换
		安全隐患	安全操作以防工具、台架掉落
3		操作内容	压缩气门弹簧
		技术要求	用气门弹簧拆装钳将气门弹簧压下
		安全隐患	安全操作以防工具、台架掉落

续表

步序	图示	操作步骤	
4		操作内容	取出气门弹簧锁片
		技术要求	用磁性笔取出气门弹簧锁片
		安全隐患	安全操作以防工具、台架掉落
5		操作内容	取出气门弹簧座、气门弹簧
		技术要求	按位置摆放
		安全隐患	安全操作以防工具、台架掉落
6		操作内容	取出气门
		技术要求	拆卸时必须将气门做上标记，气门不可互换
		安全隐患	安全操作以防工具、台架掉落
7		操作内容	取出气门油封
		技术要求	按位置摆放
		安全隐患	安全操作以防工具、台架掉落
8		操作内容	目视检查气门外观
		技术要求	需检查气门座部位点蚀、气门头部余量厚度、气门杆弯曲、气门杆点蚀或严重磨损、气门锁片槽磨损、气门杆顶端磨损
		安全隐患	安全操作以防工具、台架掉落

步序	图示	操作步骤	
9	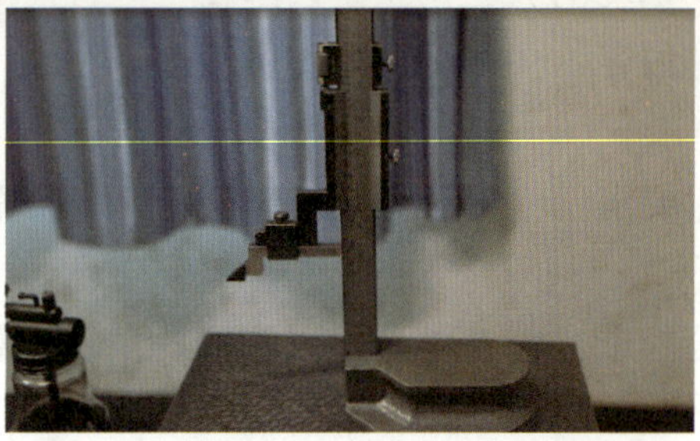	操作内容	检查高度尺
		技术要求	清洁检查高度尺、校零高度尺
		安全隐患	安全操作以防工具、台架掉落
10	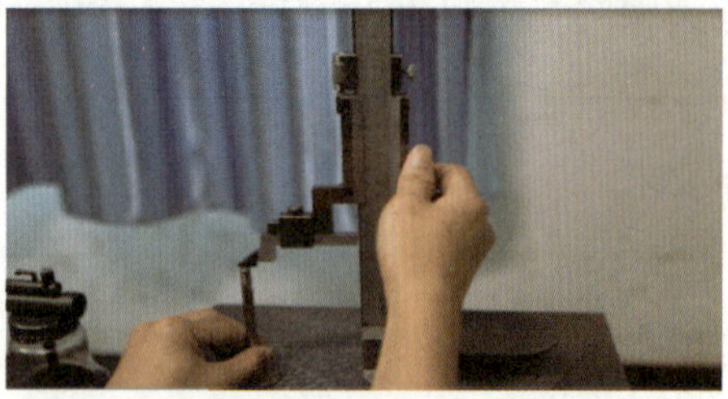	操作内容	测量气门高度
		技术要求	记录数据
		安全隐患	安全操作以防工具、台架掉落
11		操作内容	检查千分尺
		技术要求	清洁千分尺，校零千分尺，记录误差
		安全隐患	安全操作以防工具、台架掉落
12	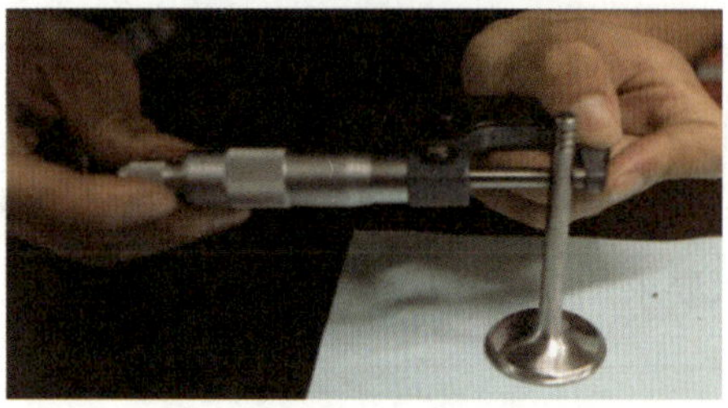	操作内容	测量气门杆直径
		技术要求	分别测量气门杆上、中、下三个位置的纵向、横向直径
		安全隐患	安全操作以防工具、台架掉落
13	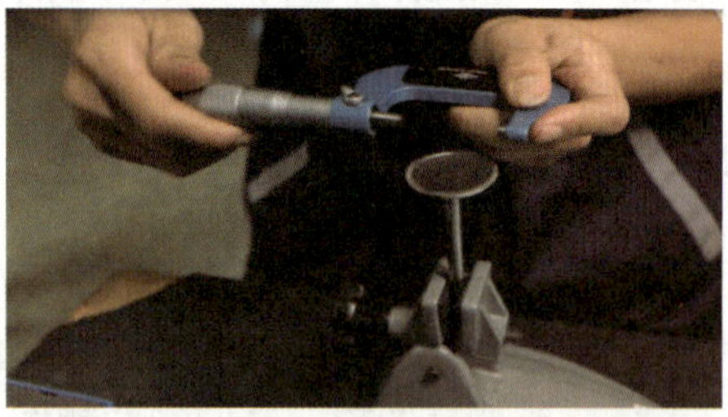	操作内容	测量气门头部直径
		技术要求	测量气门头部纵向、横向直径
		安全隐患	安全操作以防工具、台架掉落
14	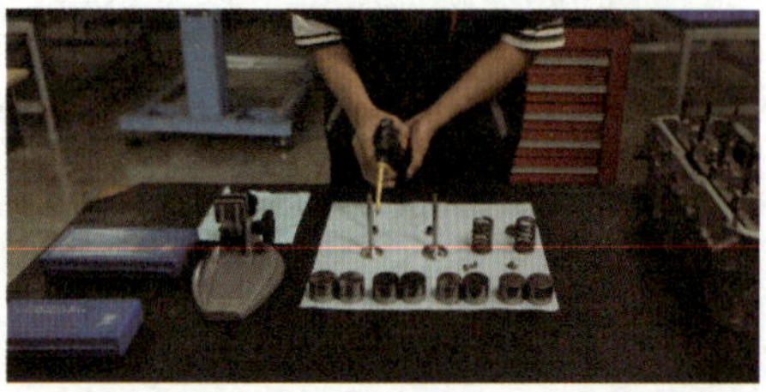	操作内容	清洁各零部件
		技术要求	清洁干净
		安全隐患	安全操作以防工具、台架掉落

续表

步序	图示	操作步骤	
15		操作内容	安装气门油封
		技术要求	需更换新的气门油封，将气门油封敲紧在气缸盖上，防止漏油
		安全隐患	安全操作以防工具、台架掉落
16		操作内容	安装气门
		技术要求	按原位置安装进、排气门，切记不能装反（注意：进气门气门头部大，排气门气门头部小）
		安全隐患	安全操作以防工具、台架掉落
17		操作内容	装入气门弹簧、气门弹簧座
		技术要求	安装到位
		安全隐患	安全操作以防工具、台架掉落
18		操作内容	压缩气门弹簧
		技术要求	使用气门弹簧拆装钳压缩气门弹簧，直到气门锁片安装位置完全露出
		安全隐患	安全操作以防工具、台架掉落
19		操作内容	安装气门锁片
		技术要求	使用气门锁片安装钳安装气门锁片
		安全隐患	安全操作以防工具、台架掉落

续表

步序	图示	操作步骤	
20		操作内容	取下气门弹簧拆装钳
		技术要求	清洁复位
		安全隐患	安全操作以防工具、台架掉落
21		操作内容	安装气门挺柱
		技术要求	按原位置安装气门挺柱
		安全隐患	安全操作以防工具、台架掉落
22		操作内容	整理工具
		技术要求	清洁整理工作台。清洁整理工量具
		安全隐患	安全操作以防工具、台架掉落

实训记录 →

发动机气门组的拆卸、检查和装配维修记录表

姓名		准考证号	

1. 气门外观目视检查

气门检查部位	气门座部位点蚀	头部余量厚度	杆部弯曲	杆部点蚀磨损	锁片槽磨损	杆顶端磨损	处理意见
进气门							
排气门							
注：根据检查结果填写合格"√"或不合格"×"，处理意见：正常"√"，不正常给出维修方案。							

2. 气门高度检测

项目 测量及结果	进气门	排气门
测量值 /mm		
结果判断及处理		

注：测量值保留小数点后 2 位；结果判断及处理栏内仅需根据检查结果正常"√"，不正常给出维修方案（维修、更换、调整）。

3. 气门头部直径检测

项目 测量及结果	进气门	排气门
测量值 /mm		
结果判断及处理		

注：测量值保留小数点后 3 位；结果判断及处理栏内仅需根据检查结果正常"√"，不正常给出维修方案（维修、更换、调整）。

4. 气门杆直径检测

项目 测量及结果	进气门			排气门		
	位置号	直径 1 （纵向）	直径 2 （横向）	位置号	直径 1 （纵向）	直径 2 （横向）
测量值 /mm	位置 1（上部）			位置 1（上部）		
	位置 2（中部）			位置 2（中部）		
	位置 3（下部）			位置 3（下部）		
结果判断及处理						

注：测量值保留不少于小数点后 2 位（根据使用量具而定），结果判断及处理栏内仅需根据检查结果正常"√"，不正常给出维修方案（维修、更换、调整）。

项目评价 →

配气机构的拆装与检测评分细则如下。

序号	评分项	得分条件	配分	得分
1	规范作业、职业精神	1. 规范作业 □ 1.1 检查作业所需工量具设备是否完备（1分） □ 1.2 检查作业环境是否配备灭火器（1分） □ 1.3 检查拆装台架完整情况、是否安全固定（2分） □ 1.4 正确使用工量具（4分） □ 1.5 使用工量具前对工量具进行校准、清洁（2分） □ 1.6 作业完成后对工量具进行复位（2分） □ 1.7 作业过程做到油液、工量具、零件不落地（2分） 2. 职业精神 □ 2.1 作业过程安全防护到位（3分） □ 2.2 作业过程认真、规范（3分）	20	
2	专业技能操作能力	1. 气门组的拆卸 □ 1.1 将气缸盖总成平铺在工作台上（1分） □ 1.2 取出各缸的气门挺柱。拆卸时将气门挺柱做上标记，气门挺柱不可互换（2分） □ 1.3 用气门弹簧拆装钳将气门弹簧压下，取出气门弹簧锁片（2分） □ 1.4 取下气门弹簧拆装钳（1分） □ 1.5 取出气门弹簧座、气门弹簧（2分） □ 1.6 取出各缸的进、排气门。拆卸时必须将气门做上标记，气门不可互换（3分） □ 1.7 取出气门油封（2分） 2. 气门组件的检查与测量 □ 2.1 目视检查气门外观（4分） 气门座部位点蚀 气门头部余量厚度 气门杆弯曲 气门杆点蚀或严重磨损 气门锁片槽磨损 气门杆顶端磨损 □ 2.2 检查高度尺（1分） □ 2.3 测量气门高度（5分） □ 2.4 检查千分尺（1分） □ 2.5 测量进、排气门头部直径（5分） □ 2.6 测量气门杆直径（5分） □ 2.7 清洁工量具，放回原位（1分）	50	

续表

序号	评分项	得分条件	配分	得分
2	专业技能操作能力	3.气门组的安装 □ 3.1 安装气门油封（2分） □ 3.2 安装气门（2分） □ 3.3 在气门杆上涂上机油装入气门（2分） （1）检查气门是否符合规格要求 （2）区分进、排气门，不要装错 （3）如若使用原车旧气门，应注意各缸气门不可互换 □ 3.4 装入气门弹簧（2分） （1）安装前检查气门弹簧高度是否符合要求 （2）检查气门弹簧是否变形、裂纹和折断等损坏情况 □ 3.5 使用气门弹簧拆装钳压缩气门弹簧（2分） □ 3.6 安装气门锁片（2分） （1）安装前应检查气门锁片是否有磨损、变形、裂纹等损坏情况 （2）使用新锁片应检查尺寸规格是否符合要求 □ 3.7 取下气门弹簧拆装钳（1分） □ 3.8 安装气门挺柱，气门挺柱不可互换（2分）	50	
3	工具及设备的使用能力	□ 1.能正确选用维修工具（5分） □ 2.能正确对气门组件进行测量（5分） □ 3.能正确使用高度尺、千分尺（5分）	15	
4	数据、判读和分析能力	□ 1.能判断气门密封状况（5分） □ 2.放回工作单（10分）	15	
总分			100	

课后练习

1）配气机构的组成和作用是什么？

2）对气门组拆装进行巩固练习。

项目二

气缸盖拆装与检测

情景描述 →

　　桑塔纳2000，行驶里程143 000 km，顾客反映其动力性很差，加速不良，燃油及机油消耗量大，发动机气缸盖与气缸体接缝处有漏气声。该车使用年限较长，平时按时保养，发动机无大修记录。

项目描述 →

　　通过车主提供的信息，可以初步判断问题出在发动机机体组上，通过压力的检测，发现测试值低于技术要求，从火花塞孔向气缸注入少量机油进行气缸压力检测，重测的气缸压力与第一次相近，表明是进、排气门或气缸衬垫不密封，因此需要对缸盖进行拆卸检查。

项目目标 →

1. 知识目标

1）知道发动机气缸盖的作用。

2）知道气缸盖的结构特点。

3）了解气缸盖组件的损伤形式及对发动机工作的影响。

2. 技能目标

1）学会正确选用工具对气缸盖进行拆卸和检测。

2）能够在操作过程中认识职业素养要求，体现严谨、负责、遵规、守法的职业精神。

理论知识

一、气缸盖的作用

气缸盖的作用是密封气缸，与活塞共同形成燃烧空间，并承受高温高压燃气的作用。气缸盖承受气体力和紧固气缸螺栓所造成的机械负荷，同时还由于与高温燃气接触而承受很高的热负荷。

二、气缸盖的结构特点

水冷发动机的气缸盖内部设有冷却水套，缸盖下端面的冷却水与缸体的冷却水孔相通，利用循环水来冷却燃烧室等高温部分。气缸盖结构如图 2-1 所示。

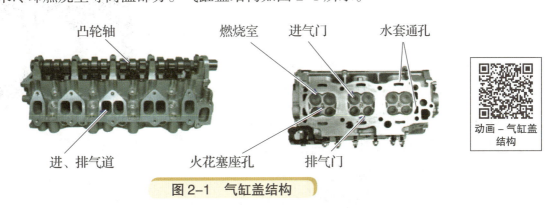

图 2-1　气缸盖结构

气缸盖上装有进、排气门座以及气门导管孔，用于安装进、排气门，以及进气通道和排气通道等。对顶置凸轮轴发动机还要考虑凸轮轴的支承，还有火花塞或喷油器以及缸盖螺栓的布置等。

气缸盖由于形状复杂，一般采用灰铸铁或合金铸铁铸成。铝的导热性比铸铁好，有利于提高压缩比，以适应高速、高负荷、强化气油机散热及提高压缩比的需要。

三、气缸盖的结构型式

气缸盖有 3 种结构型式：整体式、分体式和单体式。

1. 整体式气缸盖

多缸发动机的整列气缸共用一个缸盖的称为整体式气缸盖，一般用于缸径较小的发动机。缸径小于 110 mm 的发动机多采用整体式气缸盖，这种型式结构紧凑，可缩短气缸中心距，但刚度小，制造、维修不便。

2. 分体式气缸盖

多缸发动机的整列气缸中，分开为二缸一盖或三缸一盖的称为分体式气缸盖。缸径大于110 mm 且小于 150 mm 的发动机多采用分体式气缸盖。

3. 单体式气缸盖

多缸发动机每缸采用一个缸盖的称为单体式气缸盖。单体式气缸盖刚度大，制造、修理方便，备件存储比较优越，但缸心距较大，且要用专门的回水管回流缸盖冷却液，故结构复杂，缸径大于 150 mm 的发动机多采用单体式气缸盖，风冷发动机均采用单体式气缸盖。

四、气缸垫作用与材料

气缸垫置于气缸盖与气缸体之间，作用是保证燃烧室的密封，防止漏气、漏水，如图 2-2 所示。

气缸垫的材料要有一定的弹性，能补偿接合面的不平，以确保密封，同时要有好的耐热性和耐压性，在高温高压下不烧损、变形，拆装方便，能重复使用，寿命长。目前应用的气缸垫结构大致有金属 - 石棉垫、金属 - 复合材料、纯金属垫等几种，如图 2-3 所示。

图 2-2 气缸垫

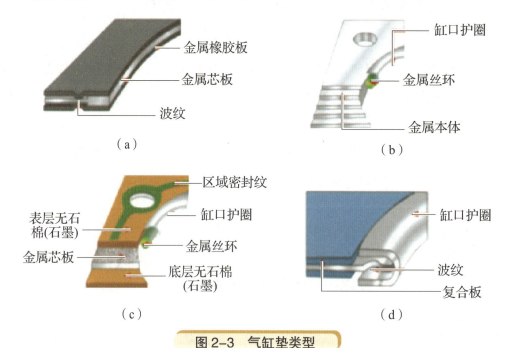

图 2-3 气缸垫类型

（a）金属型橡胶气缸垫；（b）纯金属型气缸垫；（c）复合型气缸垫；（d）黏结型气缸垫

知识拓展 →

一、气缸盖及气缸垫的损伤

气缸盖和气缸垫在使用过程中会出现裂纹、变形和烧蚀等现象。主要原因在于：

1. 气缸盖螺栓、螺母的拉长或松动

由于气缸盖和发动机机体接合面的挤压变形，气缸垫的压缩变形，高压气体的压力对气缸盖螺栓、螺母引起的偶然过载，气缸盖螺栓拧入深度不够，螺纹表面的微观不平度被压平以及由于扭矩过大造成螺栓出现缩径等，都能造成气缸盖螺栓螺母的拉长或松动，因而致使气缸盖与发动机机体接合面压力不足和各处压力不均等，导致高温高压气体从局部压力较小的部位窜出而烧坏气缸垫。

2. 气缸盖和发动机机体接合面变形

这两个接合面若变形，就不能保证气缸垫被均匀压紧，因而造成漏气致使气缸垫烧损，这也是引起气缸垫烧损的主要原因。

3. 安装不符合技术要求

安装时，气缸垫接合面不干净，拧紧气缸盖螺栓螺母时顺序不对，扭矩不够大或不均匀，各气缸套上端面高出发动机机体上平面的尺寸不够或不等，造成漏气而烧损气缸垫。

4. 发动机过热

发动机冷却系统工作不正常，供油时间过晚，长期超负荷工作等都会造成发动机过热，特别是在气缸盖的进、排气门座口与涡流室通道出口之间的部位温度更高，致使气缸盖出现裂纹。由于高温的作用，使气缸垫失去了原有的弹性而变脆，最后被烧损。

5. 气缸垫本身的质量不合格

二、气缸盖及气缸垫损坏对发动机的影响

1）在行驶中常感到发动机无力，提速困难。缸盖和缸体接缝处或者局部出现漏气声。

2）发动机发动后某个缸或某两个缸不工作，发出"蓬、蓬"的声音。散热器不断缺水和散热器加水口冒气泡，或在冷却水表层有油珠。

3）拔出机油尺观看机油，机油呈乳白色。排气管不断有水珠流出。

4）发动机水温过高。气缸垫严重损坏时，不仅发动机动力下降严重，有时甚至无法起动。一般出现这样的故障时更换气缸即可，机油也一并更换。

项目实施 →

视频 – 气缸盖
拆装与检测

步序	图示	操作步骤	
1		操作内容	工量具准备
		技术要求	工量具是否能正常使用
		安全隐患	安全操作以防工具掉落
2		操作内容	拆卸气缸盖螺栓
		技术要求	扭力扳手采用向内拉，螺栓拧松顺序按从外向内对角线方向
		安全隐患	安全操作以防工具掉落
3		操作内容	取下气缸盖
		技术要求	气缸盖倒置于软质台面
		安全隐患	安全操作以防工具、零件掉落
4		操作内容	取下气缸垫
		技术要求	气缸垫检查标记
		安全隐患	安全操作以防零件掉落
5		操作内容	清洁气缸盖上平面
		技术要求	不可损伤气缸体接触表面
		安全隐患	安全操作以防工具、台架掉落
6		操作内容	检查气缸体上平面
		技术要求	选择塞尺厚度 0.05 mm，测量 6 个方向平面度
		安全隐患	安全操作以防工具、台架掉落

步序	图示	操作步骤	
7		操作内容	清洁气缸盖下平面
		技术要求	不可损伤气缸体接触表面
		安全隐患	安全操作以防工具、零件掉落
8		操作内容	检查气缸盖下平面
		技术要求	选择塞尺厚度 0.05 mm，测量 6 个方向平面度
		安全隐患	安全操作以防工具、零件掉落
9		操作内容	安装新气缸垫
		技术要求	对准螺栓孔、水道和定位销
		安全隐患	安全操作以防工具、台架掉落
10		操作内容	安装气缸盖
		技术要求	对准气缸体上的定位销
		安全隐患	安全操作以防工具、台架掉落
11		操作内容	安装气缸盖螺栓
		技术要求	扭力扳手 40 N·m 力矩从中间向两边按对角线顺序依次拧紧
		安全隐患	安全操作以防工具、台架掉落
12		操作内容	做记号
		技术要求	气缸盖螺栓顶上相同位置做记号
		安全隐患	安全操作以防工具、台架掉落

步序	图示	操作步骤	
13		操作内容	拧紧气缸盖螺栓
		技术要求	分两次拧紧，每次旋转90°
		安全隐患	安全操作以防工具、台架掉落
14		操作内容	清洁整理量具
		技术要求	清洁干净
		安全隐患	安全操作以防工具掉落

实训记录 →

车型		发动机型号	

一、准备工作

	情况记录
（1）工量具及仪器设备准备	
（2）维修手册准备	
（3）固定发动机拆装台架	

二、操作过程

气缸盖的拆卸	气缸盖螺栓拆卸顺序：							

气缸盖、气缸体变形的检测

测量结果：

气缸盖	第1次/mm	第2次/mm	第3次/mm	第4次/mm	第5次/mm	第6次/mm	最终测量结果
气缸盖下平面平面度							

气缸体	第1次/mm	第2次/mm	第3次/mm	第4次/mm	第5次/mm	第6次/mm	最终测量结果
气缸体上平面平面度							

气缸盖的装配	气缸盖螺栓安装顺序： 气缸盖螺栓拧紧力矩：

项目评价　→

气缸盖拆装与检测评分细则如下。

序号	评分项	得分条件	配分	得分
1	规范作业、职业精神	1. 规范作业 □ 1.1 检查作业所需工量具设备是否完备（3分） □ 1.2 检查作业环境是否配备灭火器（1分） □ 1.3 正确使用工量具（4分） □ 1.4 使用工具前对工量具进行清洁、校准（3分） □ 1.5 作业完成后对工量具进行复位（1分） □ 1.6 作业过程做到三不落地（3分） 2. 职业精神 □ 2.1 作业过程安全、规范、严谨操作（5分）	20	
2	应用技能、操作技能	1. 拧松气缸盖螺栓 □ 1.1 用扭力扳手加专用套筒预松（2分） □ 1.2 气缸盖螺塞顺序正确（5分） □ 1.3 用快速摇摆和专用套筒拧松螺栓（2分） □ 1.4 用吸棒取出气缸盖螺栓（1分） □ 2. 轻取下气缸盖并倒置（2分） □ 3. 取下气缸垫（1分） □ 4. 清洁气缸盖及气缸体工作面（2分） 5. 测量气缸盖下平面 □ 5.1 清洁刀口尺和塞尺并检查气缸盖下平面（2分） □ 5.2 测量6个位置并记录数据（6分） 6. 测量气缸体上平面 □ 6.1 清洁刀口尺和塞尺并检查气缸盖下平面（3分） □ 6.2 测量6个位置并记录数据（6分） □ 7. 比较标准数据并作判断（4分） □ 8. 安装气缸垫，标记一面朝上，对准螺栓孔（1分） 9. 安装气缸盖 □ 9.1 对准定位销（2分） 10. 安装气缸盖螺栓 □ 10.1 润滑安装新的气缸盖螺栓（1分） □ 10.2 用快速摇摆和专用套筒，按顺序拧紧气缸盖各螺栓（3分） □ 10.3 从中间向两边按对角线顺序拧紧气缸盖各螺栓，以40 N·m的力矩以同样顺序拧紧气缸盖各螺栓 +2个90°（5分） □ 11. 场地7S清洁整理（2分）	50	
3	工具及设备的使用能力	□ 1. 能正确选用拆装工具（5分） □ 2. 能正确使用测量工具（5分）	10	

续表

序号	评分项	得分条件	配分	得分
4	信息录入、资料应用、资料检索	□ 1. 能正确使用维修手册查询资料（2分） □ 2. 能正确使用用户手册查询资料（2分） □ 3. 能在规定时间内查询所需资料（2分） □ 4. 能正确记录所查询资料章节页码（2分） □ 5. 能正确记录所需维修信息（2分）	10	
5	数据、判读和分析能力	□ 1. 能判断气缸盖平面度情况（5分） □ 2. 能正确分析数据并判断（5分）	10	
		总分	100	

课后练习 →

1）了解其他车型气缸盖的结构形式。

2）对气缸检测进行巩固练习。

项目三

气缸磨损的检测

某上海大众4S店维修顾问接待了一位客户，客户反映，自己的桑塔纳2000轿车，排气管冒蓝烟，耗机油，动力下降，有时候起动困难。

项目描述 →

通过车主提供的信息，可以初步判断问题出在发动机机体组上，通过压力的检测，发现测试值低于技术要求，从火花塞孔向气缸注入少量机油进行气缸压力检测，重测的气缸压力比第一次高，初步判断是活塞或气缸磨损，因此需要对气缸进行检查。

项目目标 →

1. 知识目标

1）知道发动机气缸体的作用。

2）知道发动机气缸的结构特点。

3）了解气缸套的类型特点。

4）了解气缸组件常见损伤及原因。

2. 技能目标

1）学会正确选用工具对气缸进行检测。

2）能够在操作过程中认识职业素养要求，体现严谨、负责、遵规、守法的职业精神。

理论知识 →

一、机体组

机体组是发动机的支架，是曲柄连杆机构、配气机构和发动机各系统主要零部件的装配基体，机体组主要由气缸盖分总成、气缸垫、气缸体总成和油底壳分总成等组成，如图 3-1 所示。

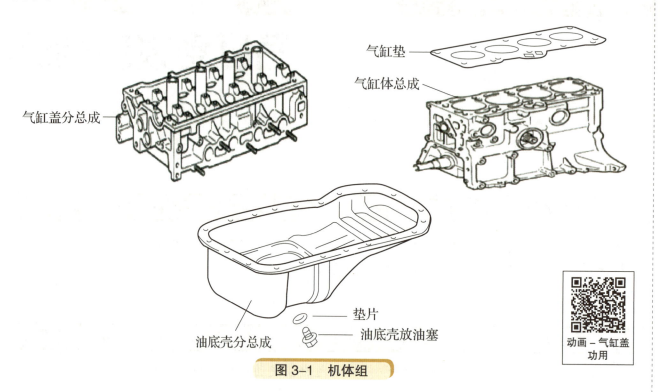

气缸盖分总成

气缸垫

气缸体总成

垫片
油底壳放油塞
油底壳分总成

图 3-1 机体组

动画-气缸盖功用

二、气缸体

1. 作用

气缸体是构成发动机的骨架，是发动机各机构和各系统的安装基础，其内、外安装着发动机的主要零件和附件，承受各种载荷。

2. 类型

根据气缸体与油底壳安装平面位置不同，通常把气缸体分为平分式、龙门式和隧道式 3 种，如图 3-2 所示。

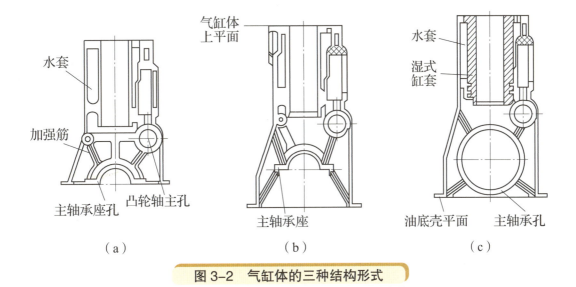

图 3-2　气缸体的三种结构形式

（a）平分式；　（b）龙门式；　（c）隧道式

三、气缸套

气缸直接镗在气缸体上称为整体式气缸，整体式气缸强度和刚度都较好，能承受较大的载荷，这种气缸对材料要求高，成本高。

水冷式发动机根据是否与冷却水接触，分为干式气缸套和湿式气缸套，如图 3-3 所示。

如果将气缸制造成单独的圆筒形零件（气缸套），然后再装到气缸体内，这样，气缸套采用耐磨的优质材料制成，气缸体可用价格较低的一般材料制造，从而降低了制造成本。同时，气缸套可以从气缸体中取出，便于修理。目前，几乎所有的发动机都采用了镶入气缸套代替气缸体充当气缸的工作表面。

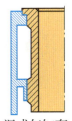

干式气缸套　　湿式气缸套

图 3-3　气缸套类型

干式气缸套不直接与冷却水接触，壁厚一般为 1~3 mm。强度和刚度都较好，但加工复杂，拆装不方便，散热不良。

湿式气缸套直接与冷却水接触，壁厚一般为 5~9 mm。散热良好，冷却均匀，加工容易，拆装方便，但强度和刚度不如干式气缸套好，容易产生漏水现象。

四、气缸体常见损伤形式及成因

1. 裂纹

气缸体裂纹现象产生的原因：

1）曲轴在高速转动时产生振动，在气缸体的薄弱部位发生裂纹。

2）发动机处于高温状态时突加大量冷水，或因水垢积聚过多而散热不良，使水道壁产生裂纹。

3）在冬天及寒冷地区未加注防冻液，致使水道冻裂。

4）气缸体在镶换缸套时，过盈量选择过大或压装工艺不当造成气缸局部裂纹。

5）装配气缸螺栓时拧紧力矩过大或孔内有异物，或镶螺纹套时过盈量选择过大等产生的螺纹孔裂损。

6）气缸体的裂纹将造成漏水、漏油和漏气，影响了发动机冷却和润滑系统工作，甚至使气缸密封性变差。

2. 变形

气缸体变形成因。

1）拆装螺栓时力矩过大或不均，或不按顺序拧紧以及在高温下拆卸气缸盖等原因，引起气缸体与气缸盖接合平面翘曲变形。

2）装配时螺栓扭紧力过大，或装配时螺纹孔中未清理干净，引起气缸体上、下平面在螺纹孔口周围凸起。

3）气缸体在制造时，时效处理不足而造成零件内应力很大且不均衡，或在长期使用中形成的内应力也可引起气缸体变形。

3. 磨损

产生原因：粘着、腐蚀、磨料磨损。

1）因金属直接接触摩擦形成局部高温而出现熔融、粘着、脱落等所造成的粘着磨损。

2）因燃料和润滑剂中的酸类物质所形成的腐蚀磨损。

3）因进气中的灰尘、燃料和润滑剂中的机械杂质，以及金属磨屑等形成的磨料磨损。

气缸磨损至一定的程度，发动机的动力性将显著下降，燃润料的消耗急剧增加，使发动机经济性变坏，主要表现在以下几个方面：

1）机油消耗量异常，消耗率超过 0.5 L/100 km。

2）排气管冒蓝烟，机油加注口脉动冒烟。

3）燃烧室、火花塞（喷油器）易积碳。

4）气缸压缩终了压力下降。

5）发动机出现敲缸异响。

6）当重新调整连杆轴承后，会使活塞环与缸壁凸肩相碰而出现异响甚至断环。

知识拓展　→

一、气缸排列形式

1. 直列式气缸体

直列式气缸体如图 3-4 所示。

直列式发动机的各个气缸排成一列，所有气缸共用一根曲轴和一个缸盖，气缸一般垂直布置。直列式结构简单，易于制造，从而在一定程度上降低了成本，但长度和高度较大，故有些发动机为了降低高度，有时也把气缸布置成倾斜的。一般六缸以下发动机多采用直列式。

图 3-4　直列式气缸体

2. V 型发动机

V 型发动机如图 3-5 所示。

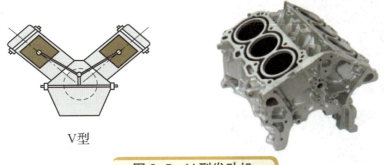

V型

图 3-5　V 型发动机

V 型发动机将气缸排成二列，其气缸中心线的夹角 $\gamma < 180°$，最常见的是 $60°\sim90°$ 的 V 形角。一般多用于气缸数多的大功率发动机上。

3. 水平对置式发动机

水平对置式发动机如图 3-6 所示。

对置式

图 3-6　水平对置式发动机

二、气缸体材料

当前汽油发动机的缸体材料主要分为铸铁和铝合金两种。而在柴油发动机中，铸铁缸体则占绝大部分。铝合金缸体的优点是质量小，同时具有很好的导热性能。不过虽然叫铝合金缸体，但是其气缸部分仍采用铸铁的缸套或者喷涂一层合金钢的涂层来确保气缸部位的耐磨性以及强度。

铸铁缸体的优点是耐腐蚀性较高，热负荷能力强，但是对于一般的民用轿车所使用的发动机来说，铝合金缸体已经是大势所趋。

除此之外，还有一些厂商会通过采用镁合金和铝合金来构成铝镁合金的复合式缸体，在一定程度上又减小了发动机的质量，最终达到提升燃油经济性的目的。

视频 – 气缸体检测

项目实施 →

步序	图示	操作步骤	
1		操作内容	工量具和材料准备
		技术要求	工量具是否能正常使用
		安全隐患	安全操作以防工具掉落
2		操作内容	清洁检查外径千分尺
		技术要求	用测力装置旋紧测微螺杆，响2~3声
		安全隐患	安全操作以防工具掉落
3		操作内容	调出标准缸径
		技术要求	调出标准缸径 81.01 mm，并锁止
		安全隐患	安全操作以防工具掉落
4		操作内容	检查百分表
		技术要求	百分表伸缩头活动及表盘活动应正常
		安全隐患	安全操作以防工具掉落

步序	图示	操作步骤	
5		操作内容	安装百分表
		技术要求	小指针旋转半圈左右，拧紧锁止螺母
		安全隐患	安全操作以防工具掉落
6		操作内容	选取安装接杆
		技术要求	选取合适长度的接杆，不锁止
		安全隐患	安全操作以防工具掉落
7		操作内容	百分表调零
		技术要求	小指针压缩 2 格，轻摆量缸表找出最小刻度，锁止螺母，调整大指针对准 0 刻度
		安全隐患	安全操作以防工具、台架掉落
8		操作内容	测量气缸深度
		技术要求	游标卡尺深度尺测量气缸深度，不能划伤气缸壁
		安全隐患	安全操作以防工具、台架掉落
9		操作内容	做记号
		技术要求	游标卡尺外测量爪在表杆做三截面记号
		安全隐患	安全操作以防工具、台架掉落
10		操作内容	测量气缸直径
		技术要求	轻摆百分表，找出指针逆时针偏转的最大刻度
		安全隐患	安全操作以防工具、台架掉落

步序	图示	操作步骤	
11		操作内容	清洁整理量具
		技术要求	清洁整理工量具
		安全隐患	安全操作以防工具掉落

实训记录 →

量具选用记录如下。

测量内容		选择量具名称、规格
气缸体	缸径	

量具检查校验记录如下。

量具名称	内容	结果记录及判断		
		校正标准 /mm	校正数据 /mm	修正量 /mm
	外观检查		□正常　□不正常	
	校验			
	判断	□正常，能使用　　□不正常，更换，修正量（_____mm）		
	外观检查		□正常　□不正常	
	校验			
	判断	□正常，能使用　　□不正常，更换，修正量（_____mm）		
	外观检查		□正常　□不正常	
	校验			
	判断	□正常，能使用　　□不正常，更换，修正量（_____mm）		
	外观检查		□正常　□不正常	
	校验			
	判断	□正常，能使用　　□不正常，更换，修正量（_____mm）		
	外观检查		□正常　□不正常	
	校验			
	判断	□正常，能使用　　□不正常，更换，修正量（_____mm）		

测量数据记录分析判断如下。

内容	数据					
上缸沿处气缸直径 /mm						
气缸原有尺寸 /mm						
测量位置	上部		中部		下部	
	最大值	最小值	最大值	最小值	最大值	最小值
气缸直径 /mm						
截面圆度误差 /mm						
最大圆度误差 /mm						
圆度判断	□正常　□不正常					
圆柱度误差 /mm						
圆柱度判断	□正常　□不正常					
气缸技术状况判断：□合格　□不合格						

▌项目评价 →

气缸磨损的检测评分细则如下。

序号	评分项	得分条件	配分	得分
1	规范作业、职业精神	1. 规范作业 □ 1.1 检查作业所需工量具设备是否完备（2分） □ 1.2 检查作业环境是否配备灭火器（1分） □ 1.3 使用工具前对工量具进行清洁、校准（2分） □ 1.4 作业完成后对工量具进行复位（2分） □ 1.5 作业过程做到三不落地（3分） 2. 职业精神 □ 2.1 作业过程安全、规范、严谨操作（5分）	15	
2	应用技能、操作技能	1. 检查外径千分尺 □ 1.1 清洁外径千分尺，清洁标准件（2分） □ 1.2 检查外径千分尺误差并记录（4分） □ 1.3 查询标准缸径（2分） 2. 检查内径百分比 □ 2.1 组装内径百分表（3分） □ 2.2 对内径百分表进行检查校零（3分） □ 2.3 将内径百分表放入外径千分尺内压缩百分表一圈至两圈调零（3分）	55	

续表

序号	评分项	得分条件	配分	得分
2	应用技能、操作技能	3. 检查游标卡尺 □ 3.1 清洁检查游标卡尺，记录误差（4分） 4. 测量前准备工作 □ 4.1 清洁气缸，检查气缸有无划痕（3分） □ 4.2 测量气缸深度并记录数据（3分） □ 4.3 在气缸上做方向记号（3分） □ 4.4 清洁深度尺和外测量爪（2分） □ 4.5 用游标卡尺外测量爪在表杆做三截面记号（3分） 5. 测量气缸直径 □ 5.1 将内径百分表倾斜放入气缸记号处，检查位置（3分） □ 5.2 测量出数据并记录于表中（6分） □ 5.3 拆解百分表并清洁——归位（3分） 6. 整理工量具并归位（3分） 7. 场地 7S 整理（5分）	55	
3	工具及设备的使用能力	□ 1. 能正确选择测量工具（5分） □ 2. 能正确操作测量工具（5分）	10	
4	信息录入、资料应用、资料检索	□ 1. 能正确使用维修手册查询资料（2分） □ 2. 能正确使用用户手册查询资料（2分） □ 3. 能在规定时间内查询所需资料（2分） □ 4. 能正确记录所查询资料章节页码（2分） □ 5. 能正确记录所需维修信息（2分）	10	
5	数据、判读和分析能力	□ 1. 能判断气缸磨损情况（5分） □ 2. 能正确分析数据并判断（5分）	10	
		总分	100	

课后练习 →

1）了解其他形式的气缸结构。

2）对气缸检测进行巩固练习。

项目四
曲柄连杆机构的拆装与检测

情景描述 →

　　一辆大众桑塔纳汽车车主来店反映发动机工作噪声较大，有负荷加速或急加速、减速时产生坚实、单调、沉重的"噔、噔"金属冲击声，希望恢复车辆技术状况（2019款桑塔纳，行驶里程数 65 456 km）。

项目描述 →

　　经检测，发现发动机曲轴出现故障，需要对曲柄连杆机构进行解体检查。

项目目标 →

根据曲柄连杆机构拆检规范进行拆卸，检查调整。

1.知识目标

叙述曲柄连杆机构的功用及组成。

2.技能目标

1）掌握曲轴拆装的主要步骤。

2）掌握曲轴检查的方法。

3）规范操作曲轴拆检并进行自检。

理论知识 →

一、曲柄连杆机构的作用

曲柄连杆机构是发动机实现热能与机械能相互转换的核心机构，其主要功用是将气缸内燃气作用在活塞顶的压力转变为曲轴的旋转运动而对外输出动力。

二、曲柄连杆机构的组成

曲柄连杆机构由机体组、活塞连杆组和曲轴飞轮组 3 部分组成，如图 4-1 所示。

1. 机体组

机体组的作用是承受发动机负荷，安装各种机件。

机体组由气缸盖、气缸体、缸套、气缸垫和油底壳等组成，如图 4-2 所示。

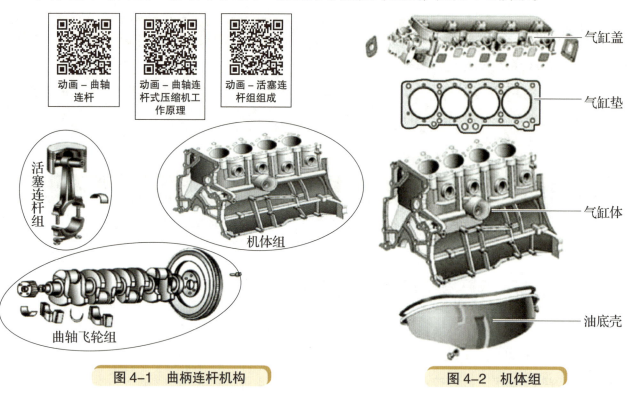

动画－曲轴连杆　　动画－曲轴连杆式压缩机工作原理　　动画－活塞连杆组组成

活塞连杆组

机体组

曲轴飞轮组

图 4-1　曲柄连杆机构

气缸盖
气缸垫
气缸体
油底壳

图 4-2　机体组

2. 活塞连杆组

活塞连杆组是发动机的传动件，它把燃烧气体的压力传给曲轴，使曲轴旋转并输出动力。活塞连杆组如图 4-3 所示。

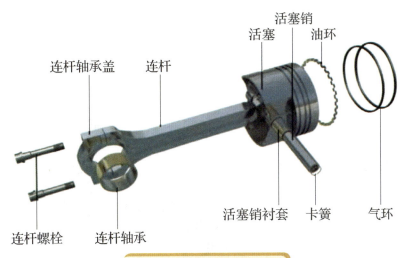

图 4-3　活塞连杆组

活塞连杆组主要由活塞、活塞环、活塞销、连杆及连杆轴承等组成。

（1）活塞

活塞的功用是与气缸盖共同构成燃烧室，承受气体压力，并将此力通过活塞销传给连杆，以推动曲轴旋转。

（2）活塞环槽

活塞环安装在活塞环槽内。汽油机一般有 2~3 道环槽，上面 1~2 道用来安装气环，实现气缸的密封，最下面的一道用来安装油环，在油环槽底面钻有许多径向回油孔，当活塞向下运动时，油环把气缸壁上多余的机油刮下来经回油孔流回油底壳。

（3）活塞环

活塞环是具有弹性的开口环，分为气环和油环。

气环保证气缸壁与活塞间的密封，防止高温燃气漏入曲轴箱，并把从活塞顶部吸收的热量传给气缸壁，防止活塞过热，油环在气缸壁上涂上一层均匀的润滑油，并把飞溅到气缸壁上的多余润滑油刮除掉，既可防止机油窜入燃烧室，同时使气缸壁上润滑油膜均匀分布，改善活塞组的润滑条件，还能起到密封的辅助作用。

（4）活塞销

活塞销连接活塞和连杆小头，并把活塞承受的气体压力传递给连杆。

（5）连杆组

功用：连杆组连接活塞与曲轴，功用是将活塞承受的力传给曲轴，并将活塞的往复运动转变为曲轴的旋转运动。

结构：连杆由连杆小头、连杆杆身和连杆大头 3 部分组成。

（6）轴承（轴瓦）

为了减小摩擦阻力和曲轴连杆轴颈的磨损，连杆大通孔内装有瓦片式滑动轴承，即连杆轴瓦。轴瓦分上、下两个半片，多采用薄壁钢背轴瓦，内表面浇筑有耐磨合金层。

3. 曲轴飞轮组

曲轴的组成、功用及安装位置。

曲轴、飞轮和一些附件共同构成曲轴飞轮组，如图4-4所示。

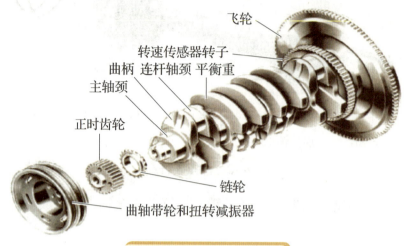

飞轮
转速传感器转子
曲柄 连杆轴颈 平衡重
主轴颈
正时齿轮
链轮
曲轴带轮和扭转减振器

图4-4　曲轴飞轮组

（1）曲轴的功用

曲轴是发动机最重要的机件之一，其作用是将活塞、连杆传来的气体作用力变为转矩，用以驱动汽车的传动系统和发动机的配置机构及其辅助装置（如发电机、水泵、风扇机、油泵）工作。

（2）曲轴的材料

大多采用优质中碳钢或中合金碳钢，有的采用球墨铸铁。

（3）曲轴的结构

曲轴主要由前端轴、主轴颈、连杆轴颈、曲柄、平衡重、后端轴等组成。

1）主轴颈和连杆轴颈。主轴颈是曲轴的支承部分。每个连杆轴颈两边都有一个主轴颈者，称为全支承曲轴，主轴颈数等于或少于连杆轴颈数者称为非全支承曲轴，如图4-5所示。

曲轴上有贯穿主轴颈、曲柄和连杆轴颈的油道，以便润滑主轴颈和连杆轴颈。

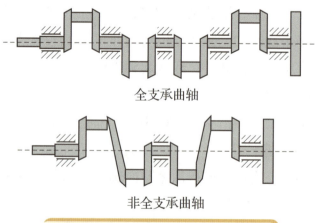

全支承曲轴

非全支承曲轴

图4-5　全支承及非全支承曲轴

2）曲柄和平衡重。曲柄是用来连接主轴颈和连杆轴颈的，平衡重的作用是平衡发动机不平衡的离心力和离心力矩。

3）曲拐。一个连杆轴颈和它两端的曲柄及主轴颈构成一个曲拐，如图4-6所示。

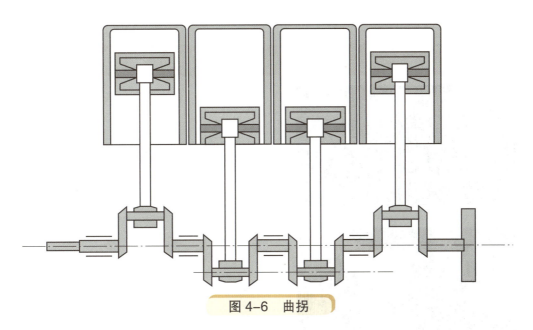

图 4-6　曲拐

（4）飞轮的作用

1）储存能量：在作功行程储存能量，用以完成其他3个行程，使发动机运转平稳。

2）利用飞轮上的齿圈起动时传力。

3）将动力传给离合器。

4）克服短暂的超负荷。

（5）飞轮的结构

定义：飞轮为一外缘有齿圈的铸铁圆盘，如图 4-7所示。

图 4-7　飞轮

为了保证在有足够的转动惯量的前提下，尽可能减小飞轮的质量，应使飞轮的大部分质量都集中在轮缘上，因而轮缘通常做得宽而厚。

视频 – 曲柄连杆
机构拆装与检测

项目实施

步序	图示	操作步骤	
1		操作内容	工量具和材料
		技术要求	20~100 N·m 预置式扭力扳手、0~300 N·m 指针式扭力扳手、棘轮扳手、橡胶锤、扳手、套筒、转接杆、一字起、记号笔、化油器清洗剂、吸油纸、机油枪、磁性表座、百分表、千分尺、汽车维修手册
		安全隐患	安全操作以防工具、台架掉落

步序	图示	操作步骤	
2		操作内容	拧松曲轴轴承盖螺栓
		技术要求	从两边到中间的顺序分两次预松曲轴轴承盖紧固螺栓
		安全隐患	安全操作以防工具、台架掉落
3		操作内容	旋出螺栓，取下轴承盖
		技术要求	用手拧出螺栓，按顺序取下曲轴轴承盖
		安全隐患	安全操作以防工具、台架掉落
4		操作内容	拆卸第三道轴承盖两侧两片下半圆止推片
		技术要求	拆卸第三道轴承盖两侧两片下半圆止推片
		安全隐患	安全操作以防工具、台架掉落
5		操作内容	取下曲轴
		技术要求	取下曲轴，放到指定位置
		安全隐患	安全操作以防工具、台架掉落
6	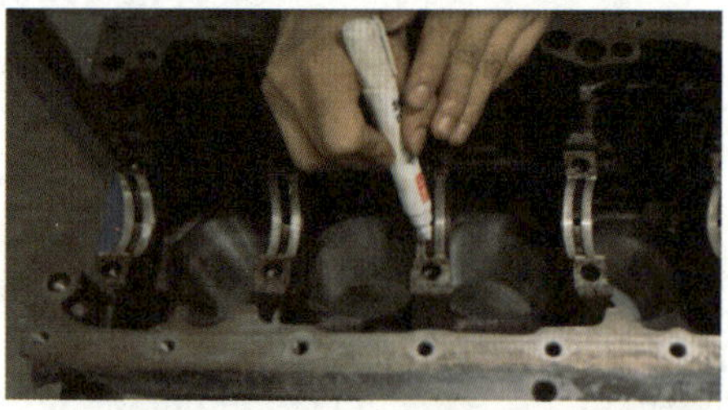	操作内容	取下曲轴上轴瓦
		技术要求	在轴瓦上做记号，用手取下曲轴上轴瓦，并按顺序摆放
		安全隐患	安全操作以防工具、台架掉落
7	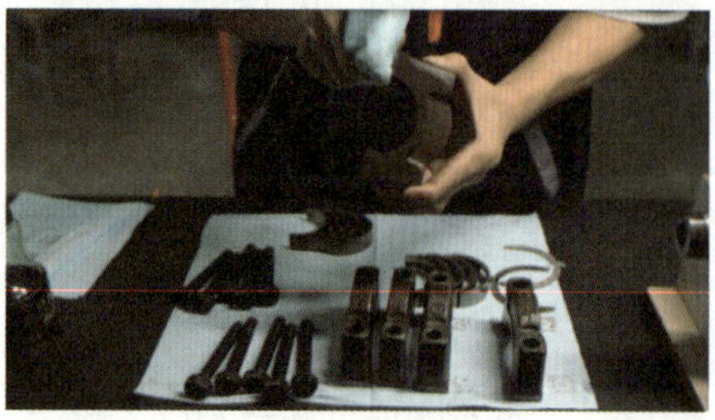	操作内容	清洁各零部件
		技术要求	清洁到位
		安全隐患	安全操作以防工具、台架掉落

续表

步序	图示	操作步骤	
8		操作内容	检查磁性表座
		技术要求	清洁座体工作面，组装磁性表座
		安全隐患	安全操作以防工具、台架掉落
9		操作内容	检查百分表并安装
		技术要求	取出百分表并清洁，检查百分表指针活动情况、表盘活动是否灵活、有无卡滞
		安全隐患	安全操作以防工具、台架掉落
10		操作内容	测量曲轴轴向间隙
		技术要求	安装磁性表座，将测头抵至被测点，确保百分表测杆垂直于端面，旋转百分表表盘对准"0"刻度线。 将吸油纸垫于曲轴第三道主轴颈平衡块两侧位置，推动一字起读取数据
		安全隐患	安全操作以防工具、台架掉落
11		操作内容	检查千分尺
		技术要求	清洁千分尺，校零千分尺，记录误差
		安全隐患	安全操作以防工具、台架掉落
12		操作内容	测量主轴颈
		技术要求	注意测量位置，前后晃动确定直径位置
		安全隐患	安全操作以防工具、台架掉落
13		操作内容	测量连杆轴颈
		技术要求	用同样的方法测量连杆轴颈直径
		安全隐患	安全操作以防工具、台架掉落

续表

步序	图示	操作步骤	
14		操作内容	清洁润滑各零部件
		技术要求	清洁润滑到位
		安全隐患	安全操作以防工具、台架掉落
15		操作内容	安装下轴瓦
		技术要求	安装到位
		安全隐患	安全操作以防工具、台架掉落
16		操作内容	安装上轴瓦
		技术要求	注意上轴瓦止口和油孔的安装位置
		安全隐患	安全操作以防工具、台架掉落
17		操作内容	安装曲轴
		技术要求	安装到位
		安全隐患	安全操作以防工具、台架掉落
18		操作内容	安装半圆形止推片
		技术要求	在第三道主轴颈两侧安装半圆形止推片，其开口必须朝向曲轴
		安全隐患	安全操作以防工具、台架掉落
19		操作内容	安装曲轴轴承盖
		技术要求	从中间向两边的顺序拧入螺栓。用棘轮扳手均匀拧紧。检查扭矩，检查旋向，从中间向两边的顺序按规定力矩拧紧螺栓。在螺栓上做标记，用扭力扳手旋转90°
		安全隐患	安全操作以防工具、台架掉落

续表

步序	图示	操作步骤	
20		操作内容	检查曲轴转动情况
		技术要求	转动曲轴，检查曲轴转动是否灵活
		安全隐患	安全操作以防工具、台架掉落
21		操作内容	整理工具
		技术要求	清洁整理工作台。 清洁整理工量具
		安全隐患	安全操作以防工具、台架掉落

实训记录

量具选用记录如下。

测量内容		选择量具名称、规格	得分
曲轴	主轴颈		
	连杆轴颈		
	轴向间隙		

量具检查校验记录如下。

量具名称	内容	结果记录及判断			得分
		校正标准 /mm	校正数据 /mm	修正量 /mm	
	外观检查	□正常　□不正常			
	校验				
	判断	□正常，能使用　□不正常，更换，修正量（______mm）			
	外观检查	□正常　□不正常			
	校验				
	判断	□正常，能使用　□不正常，更换，修正量（______mm）			
	外观检查	□正常　□不正常			
	校验				
	判断	□正常，能使用　□不正常，更换，修正量（______mm）			

续表

量具名称	内容	结果记录及判断			得分
		校正标准 /mm	校正数据 /mm	修正量 /mm	
	外观检查	□正常　□不正常			
	校验				
	判断	□正常，能使用　□不正常，更换，修正量（_____mm）			
	外观检查	□正常　□不正常			
	校验				
	判断	□正常，能使用　□不正常，更换，修正量（_____mm）			

测量数据记录分析判断表如下。

主轴颈编号_____　　　　　连杆轴颈编号_____

主轴颈测量					
测量内容	截面 1（前）		截面 2（后）		得分
	最大值	最小值	最大值	最小值	
直径 /mm					
截面圆度误差 /mm					
最大圆度误差 /mm					
圆度判断	□正常　□不正常				
圆柱度误差 /mm					
圆柱度判断	□正常　□不正常				
连杆轴颈测量					
测量内容	截面 1（前）		截面 2（后）		得分
	最大值	最小值	最大值	最小值	
直径 /mm					
截面圆度误差 /mm					
最大圆度误差 /mm					
圆度判断	□正常　□不正常				
圆柱度误差 /mm					
圆柱度判断	□正常　□不正常				
曲轴技术状况判断：□合格　□不合格					
曲轴轴向间隙测量					
曲轴轴向间隙：_____mm，技术状况判断：□合格　□不合格					

项目评价

曲柄连杆机构的拆装与检测评分细则如下。

序号	评分项	得分条件	配分	得分
1	规范作业、职业精神	1. 规范作业 □ 1.1 检查作业所需工量具设备是否完备（3分） □ 1.2 检查作业环境是否配备灭火器（1分） □ 1.3 正确使用工量具（4分） □ 1.4 使用工具前对工量具进行清洁、校准（3分） □ 1.5 作业完成后对工量具进行复位（1分） □ 1.6 作业过程做到三不落地（3分） 2. 职业精神 □ 2.1 作业过程安全、规范、严谨操作（5分）	20	
2	技能面专业技能能力	1. 曲轴的拆卸 □ 1.1 按顺序（1–5–2–4–3）预松曲轴轴承盖螺栓（3分） □ 1.2 按顺序（1–5–2–4–3）旋出曲轴轴承盖螺栓（2分） □ 1.3 晃动曲轴轴承盖，按顺序取下曲轴轴承盖（3分） □ 1.4 拆卸第三道轴承盖两侧两片下半圆止推片（1分） □ 1.5 取下曲轴轴瓦（1分） □ 1.6 取下曲轴（1分） □ 1.7 把轴承盖螺栓、轴承盖、半圆止推片、轴瓦按指定位置摆放（2分） 2. 曲轴测量 □ 2.1 检查外径千分尺校零并记录误差（2分） □ 2.2 检查磁性表座、百分表并安装，校零并记录（2分） □ 2.3 测量曲轴轴向间隙并记录（5分） □ 2.4 测量主轴颈并记录（5分） □ 2.5 测量连杆轴颈并记录（5分） □ 2.6 数据处理判断（3分） 3. 曲轴的安装 □ 3.1 清洁润滑所有拆卸零件（2分） □ 3.2 安装曲轴上轴瓦，注意上轴瓦止口和油孔的安装位置（2分） □ 3.3 在第三道主轴颈两侧安装半圆形止推片，其开口必须朝向曲轴（2分） □ 3.4 安装曲轴轴承盖和紧固螺栓（2分） □ 3.5 分3次从中间向两边拧紧主轴盖螺栓（5分） 第1次用棘轮扳手均匀拧紧 第2次用扭力扳手拧紧，拧紧力矩为65 N·m 第3次再旋转90° □ 3.6 检查曲轴转动情况，若转动费力，用橡胶锤轻敲主轴承盖，直至转动顺畅为止（2分）	50	

续表

序号	评分项	得分条件	配分	得分
3	工具及设备的使用能力	□1. 能正确选用维修工具（5分） □2. 能正确使用外径千分尺（5分） □3. 能正确使用百分表（5分）	15	
4	数据、判读和分析能力	□1. 能判断曲轴技术状况（5分） □2. 记录工作单（10分）	15	
		总分	100	

课后练习

1）曲柄连杆机构的组成和作用是什么？

2）对曲轴拆装进行巩固练习。

项目五

起动机拆装、检测与诊断

情景描述 →

通用别克威朗2016款三厢自动进取型轿车，购买于2016年3月，最近车主发现转动点火钥匙，汽车没有起动迹象，怀疑汽车电池没电，于是从网上购买了与原车型号一致的蓄电池进行更换，更换后故障依旧，无法解决问题。

项目描述 →

通过前面案例分析判断，该车辆无起动迹象，基本可以判定是电源或者起动机出现问题，车主更换蓄电池后，故障依旧存在，故障点趋于明显，需要对起动机进行进一步检查。

项目目标 →

对别克威朗的起动机进行拆装、检测与诊断。

1. 知识目标

理解起动机工作原理。

2. 技能目标

1）能够规范使用维修工具。

2）掌握起动机拆装流程。

3）能够正确使用举升设备。

理论知识 →

一、起动机的作用

起动机是汽车起动系统中非常重要的装置。它受到点火开关控制，工作过程中起动机可以将蓄电池的电能转化为机械能，驱动发动机飞轮旋转实现发动机的起动。发动机在以自身动力运转之前，必须借助外力旋转。起动机出现故障会导致车辆无法正常起动。因此要加强对起动机的日常检查和维护。

二、起动机的类型

起动机按控制的不同可分为机械控制起动机、电磁控制起动机两种。汽车上基本采用的都是电磁控制起动机。电磁控制起动机方式中，以直流串励式起动机、永磁式起动机、减速起动机 3 种最为常见。

三、起动机型号

根据 QC/T 73—93《汽车电气设备产品型号编制方法》的规定，起动机型号由 5 大部分组成。

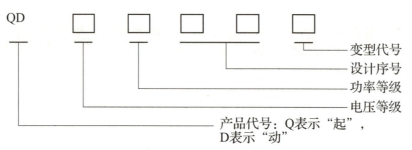

1）产品代号：QDJ 表示减速起动机；QDY 表示永磁起动机（包括永磁减速起动机），J、Y 分别表示"减""永"。

2）电压等级：1 表示 12 V，2 表示 24 V，6 表示 6 V。

3）功率等级：其含义如表 5-1 所示。

表 5-1　起动机的功率等级

功率等级	1	2	3	4	5	6	7	8	9
功率 /kW	<1	1~2	2~3	3~4	4~5	5~6	6~7	7~8	>8

4）设计序号：按产品设计次序，用阿拉伯数字表示第几次设计。

5）变型代号：用大写英文字母 A，B，C，D…顺序表示。

四、直流串励式起动机的组成

直流串励式起动机由直流电动机、传动机构（啮合机构）和控制装置（即电磁开关）3部分组成。

1. 直流串励式电动机

直流串励式电动机的作用是将蓄电池输入的电能转换为机械能，产生转矩。"串励"是指电枢绕组与励磁绕组串联。主要由壳体、定子绕组、电枢、电刷及电刷架和前后端盖等组成，其结构如图 5-1 所示。

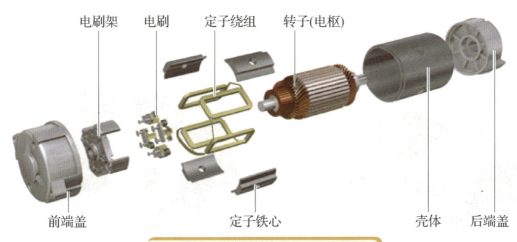

图 5-1　直流串励式电动机结构

（1）定子总成

定子绕组的作用是通电后产生磁场。定子绕组缠绕在定子铁心上，并通过螺钉固定在机壳上，一般是 4 个，两对绕组相对交错安装在电动机壳体内侧，如图 5-2（a）所示。4个励磁绕组可互相串联后再与电枢绕组串联，也可两两串联后并联再与电枢绕组串联，如图 5-2（b）所示。

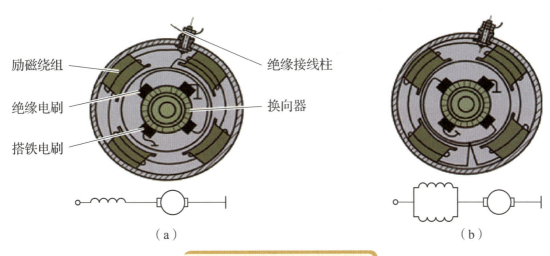

（a）　　　　　　　　　　　　　（b）

图 5-2　定子绕组的接法
（a）4 个绕组相互串联；（b）两串两并

（2）转子总成

转子总成又称电枢，电枢的作用是产生电磁转矩。它主要由电枢轴、电枢铁心、电枢绕组和换向器等组成。转子总成如图5-3所示，电枢铁心由许多相互绝缘的硅钢片叠装而成，其圆周表面有槽，用来安放电枢绕组，电枢绕组用矩形截面的裸铜条绕制，绕线形式多采用波绕法。

换向器装在电枢轴上，它由许多换向片组成。换向片嵌装在轴套上，各换向片之间用云母绝缘。

（3）电刷

电刷及电刷架的作用是将电流引入电枢的换向器。一般有4个电刷及电刷架，如图5-4所示。电刷架固定在前端盖上，其中两个对置的电刷架与端盖绝缘，称为绝缘电刷架；另外两个对置的电刷架与端盖直接铆合而搭铁，称为搭铁电刷架。

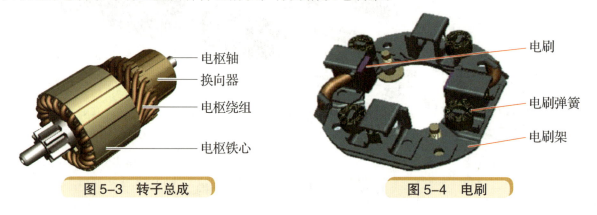

图5-3 转子总成   图5-4 电刷

电刷由铜粉与石墨粉压制而成，加铜粉是为了减少电阻并增加耐磨性。电刷装在电刷架中，借弹簧压力将它紧压在换向器铜片上。电刷弹簧的压力一般为12~15 N。

2. 直流串励式电动机工作原理

如图5-5所示，直流串励式电动机基本工作原理是：通电导体在磁场中产生电磁力，使导体产生旋转运动，实现电能与机械能的转换。

工作情况：当电动机工作，蓄电池电流通过电刷和换向片流入电枢绕组。换向片A与正电刷接触，换向片B与负电刷接触，电枢绕组中的电流方向为：$a \to b \to c \to d$，根据通电导体在磁场中受力的左手定则，可以判断电枢绕组 ab 边和 cd 边均受到电磁力 F 的作用，电磁力 F 产生逆时针的电磁转矩 M 使电枢转动，如图5-5（a）所示；当电枢转至换向片A与负电刷接触，换向片B与正电刷接触，电枢绕组的电流走向为：$d \to c \to b \to a$，同样由左手定则可判断电枢绕组 dc 边和 ba 边所受电磁力 F 的方向，如图5-5（b）所示。此时的电磁力 F 使电磁转矩 M 的方向仍然保持不变，电枢按逆时针方向继续转动。由此可见，直流电动机的换向器可将蓄电池提供的直流电转换为电枢绕组所需的交流电，以保证电枢绕组所产生的电磁转矩方向保持不变，使电枢产生定向转动。

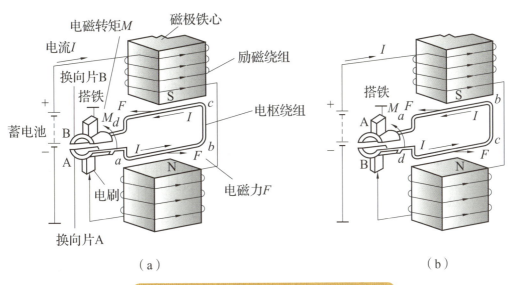

图 5-5　直流串励式电动机工作原理

3. 传动机构

起动机的传动机构一般由单向啮合器（也称单向离合器）和拨叉等组成，如图 5-6 所示。离合器有传递转矩起动发动机的作用，又有在起动后自动打滑脱离啮合保护起动机不致损坏的作用，只允许起动机将转矩传给发动机曲轴起动发动机，不允许发动机将转矩传给起动机。

常用的单向离合器主要有滚柱式、摩擦片式和扭力弹簧式等 3 种。

以滚柱式单向离合器为例讲解，单向离合器的结构和工作情况比较复杂，它主要由单向离合器外壳、滚柱、滚柱弹簧和花键套筒等组成。

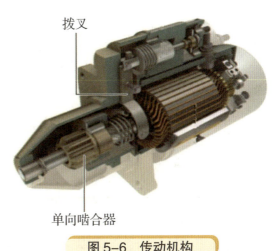

图 5-6　传动机构

起动时，起动机带动发动机旋转，离合器外壳转速快于花键套筒，滚柱被挤到楔形槽的窄端，并越挤越紧，使花键套与外壳卡紧，输出电动机转矩。

4. 控制装置

控制装置的作用是控制单向离合器的驱动齿轮和飞轮的啮合与分离，并且控制直流电动机电路的接通与切断。它主要由吸引线圈、保持线圈、回位弹簧、活动铁心、接触盘和接线柱等组成，如图 5-7 所示。

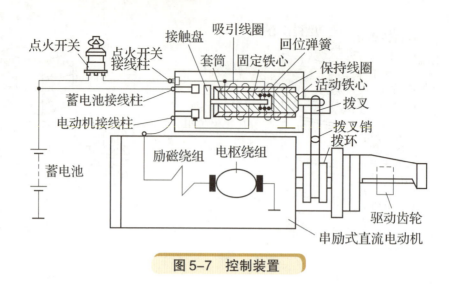

图 5-7　控制装置

起动时，接通点火开关起动挡，电磁开关的吸引线圈和保持线圈通电，电磁力吸引活动铁心向左移动，并带动拨叉将电枢轴向右移动，推动驱动齿轮与飞轮齿圈啮合。

电磁开关接通后，吸引线圈被接触盘短路，不再发挥作用，而保持线圈仍然通电，其电磁力使活动铁心保持在最左端，使蓄电池的起动电流维持到起动机完成起动发动机的过程。

发动机起动后，松开点火开关，切断保持线圈的供电，电磁开关失磁，活动铁心在回位弹簧的作用下向右移动到原位，于是电磁开关断开，蓄电池与起动机断开连接，起动机停止工作；与此同时，回位弹簧使拨叉在铁心的带动下左移，使驱动齿轮脱离与飞轮的啮合。

视频－起动机拆装、检测与诊断

项目实施 →

步骤	图示	操作步骤	
1		操作内容	车辆防护
		技术要求	车辆内外三件套、车轮挡块、尾气排放装置
		安全隐患	车辆冲出操作位置，油漆漆面损伤
2		操作内容	断开蓄电池负极
		技术要求	正确选择工具，拆除负极螺栓
		安全隐患	操作不当会造成蓄电池短路

续表

步骤	图示	操作步骤	
3		操作内容	车辆举升到适当位置
		技术要求	垫块安装位置正确，车辆举升后进行锁止
		安全隐患	举升车辆掉落风险
4		操作内容	断开起动机线束插头
		技术要求	按在插头锁扣位置，不得损坏锁扣
		安全隐患	插头、线束出现破损
5		操作内容	拆卸发动机和起动机电缆起动导线螺母
		技术要求	选择正确的工具进行拆卸螺母
		安全隐患	螺母损坏
6		操作内容	拆下发动机和起动机电缆
		技术要求	电缆线放置位置可靠
		安全隐患	电缆线损坏
7		操作内容	拆下起动机搭铁电缆螺栓
		技术要求	选用正确工具进行操作
		安全隐患	螺栓损坏或者电缆线破损
8		操作内容	起动机搭铁电缆移除
		技术要求	电缆线放置位置可靠
		安全隐患	搭铁电缆线损坏
9		操作内容	拆卸起动机螺栓
		技术要求	选用正确工具进行操作，拆下螺母、螺栓
		安全隐患	螺母、螺栓损坏更换

续表

步骤	图示	操作步骤	
10	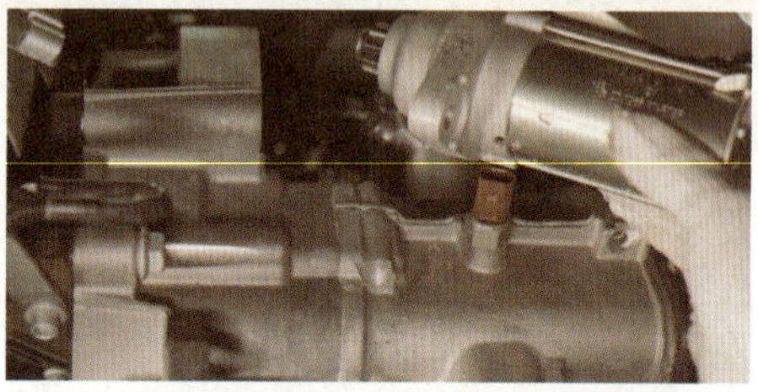	操作内容	取下起动机总成
		技术要求	起动机总成放置位置可靠
		安全隐患	起动机破损无法使用
11	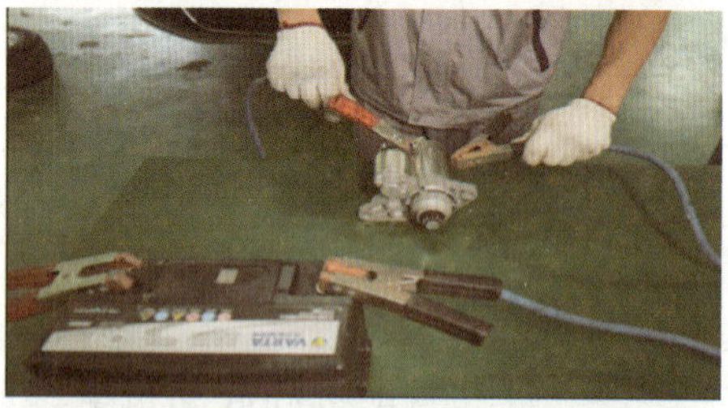	操作内容	检测起动机
		技术要求	供电端子和负极搭铁正确
		安全隐患	损坏起动机
12	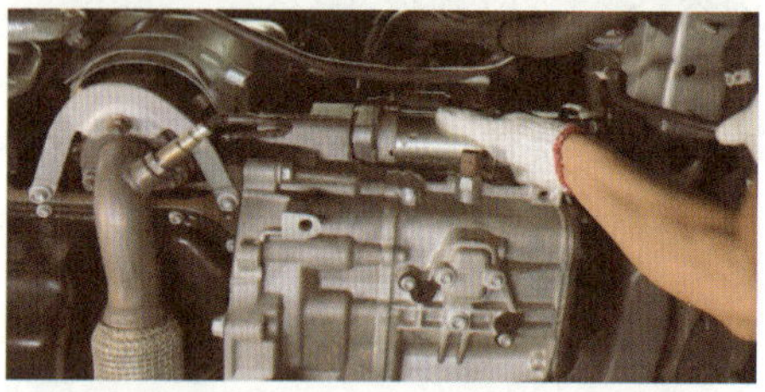	操作内容	安装起动机
		技术要求	起动机位置准确
		安全隐患	起动机掉落
13		操作内容	安装起动机螺栓
		技术要求	螺栓螺纹应完好无损伤
		安全隐患	力矩不达标，导致螺母、螺栓松动
14	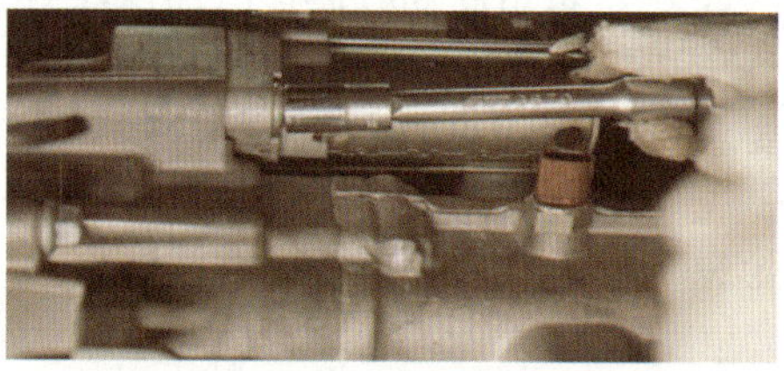	操作内容	预紧螺母
		技术要求	用手带入起动机螺栓，再用工具预紧
		安全隐患	损坏螺母
15	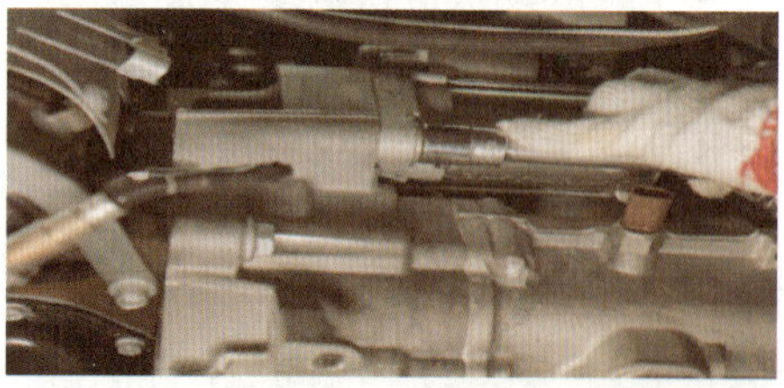	操作内容	紧固起动机螺栓
		技术要求	起动机螺栓拧紧力矩 60 N·m
		安全隐患	力矩不达标，导致螺栓松动
16		操作内容	起动机搭铁电缆安装并安装螺栓
		技术要求	起动机搭铁电缆螺栓拧紧力矩 30 N·m
		安全隐患	力矩不达标，导致螺栓松动

步骤	图示	操作步骤	
17	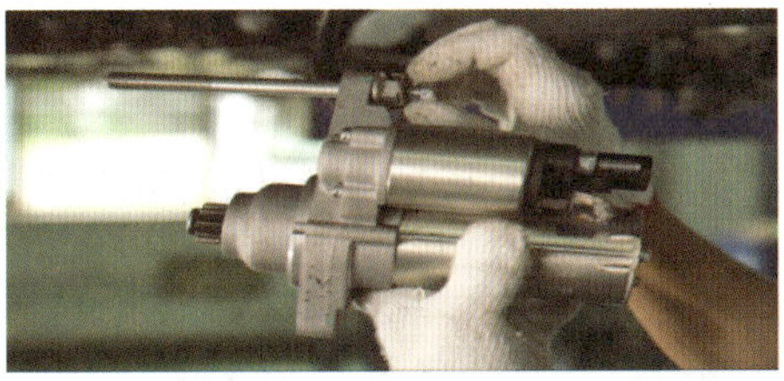	操作内容	安装搭铁电缆螺母
		技术要求	用手带入起动机螺栓，再用工具预紧
		安全隐患	搭铁电缆螺母螺纹损坏
18	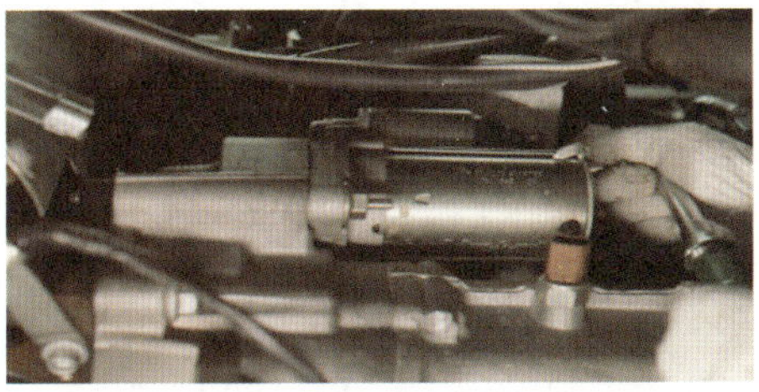	操作内容	紧固发动机和起动机电缆起动导线螺母
		技术要求	螺母拧紧力矩 30 N·m
		安全隐患	力矩不达标，导致螺栓松动
19		操作内容	安装起动机供电电缆
		技术要求	起动机供电电缆位置正确
		安全隐患	电缆线损坏
20	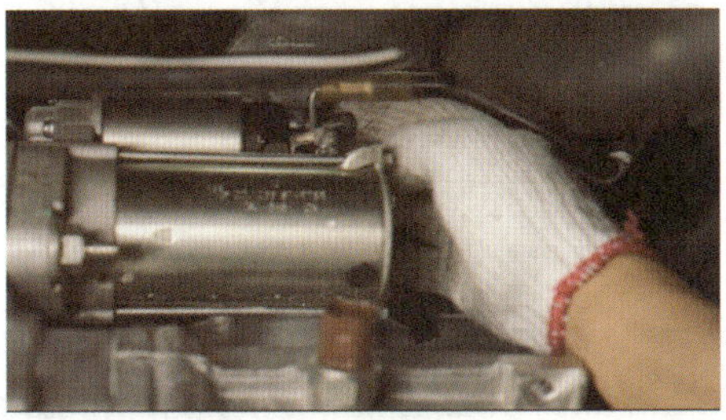	操作内容	安装电缆线螺母
		技术要求	用手带入起动机螺栓，再用工具预紧
		安全隐患	电缆线螺母损坏
21		操作内容	连接起动机线束插头
		技术要求	插接器插接可靠
		安全隐患	线束接触不良，起动机无法工作
22		操作内容	将举升车辆降落至地面
		技术要求	正确规范操作举升机
		安全隐患	举升车辆掉落风险

步骤	图示	操作步骤	
23		操作内容	蓄电池负极电缆连接
		技术要求	选择合适的工具，蓄电池负极连接可靠
		安全隐患	蓄电池负极接触不良
24		操作内容	拧紧蓄电池螺母
		技术要求	螺母拧紧力矩 15 N·m
		安全隐患	蓄电池负极接触不良
25		操作内容	整理复位
		技术要求	收回车辆内外三件套、车轮挡块，工具复位
		安全隐患	工具丢失

▌ 实训记录 →

起动机拆装、检测与诊断项目工单如下。

测量数据记录			
序号	零部件名称	检查情况	维修措施
1	定子总成		
2	转子总成		
3	电刷		
测量项目	测量数据	标准数据	判定
起动机运转测试			

项目评价 →

起动机拆装、检测与诊断评分细则如下。

序号	评分项	评分标准	配分	得分
1	规范操作、职业精神	1. 规范作业 □ 1.1 检查作业所需工量具设备是否齐全（1分） □ 1.2 检查作业环境是否安全（1分） □ 1.3 正确安装车内三件套（2分） □ 1.4 正确使用车辆垫块（1分） □ 1.5 使用工量具前对工量具进行清洁、检查（2分） □ 1.6 作业完成后对工量具进行复位（1分） □ 1.7 作业过程中三不落地（3分） 2. 职业精神 □ 2.1 作业过程安全、规范、严谨操作（3分）	14	
2	应用技能、操作技能	□ 1. 车辆维护：安装三件套（2分） □ 2. 安装举升垫块：位置正确、左右对称（2分） □ 3. 断开蓄电池负极（2分） □ 4. 举升车辆至合适位置（2分） □ 5. 拔下起动机插接器：线束、插接器无损坏（4分） □ 6. 拆卸起动机供电线螺母：取下起动机供电线（6分） □ 7. 拆卸搭铁线螺母：取下起动机搭铁线（4分） □ 8. 拆卸起动机螺栓（3分） □ 9. 检测起动机：测试方式正确（4分） □ 10. 安装起动机螺栓：使用扭力扳手按规定力矩进行紧固（6分） □ 11. 安装起动机搭铁线及搭铁线螺母：使用扭力扳手按规定力矩进行紧固（8分） □ 12. 安装起动机供电线及供电线螺母：使用扭力扳手按规定力矩进行紧固（8分） □ 13. 安装起动机插接器：安装到位（3分） □ 14. 降落车辆：规范操作举升机（4分） □ 15. 安装蓄电池负极：使用工具安装到位（3分） □ 16. 车辆复位：撤除三件套（3分）	64	
3	资料应用	□ 1. 能正确使用维修手册查询资料（6分） □ 2. 能在规定时间内查询所需资料（2分） □ 3. 能正确记录所需维修信息（4分）	12	
4	工具及设备使用	□ 1. 能正确选用维修工具（2分） □ 2. 能正确使用举升垫块（2分） □ 3. 能正确安装三件套（2分） □ 4. 能正确规范使用预调式扭力扳手（2分） □ 5. 能正确使用举升机（2分）	10	
		总分	100	

课后练习 →

1）起动机的组成和作用是什么？

2）对起动机拆装进行巩固练习。

项目六

转向器总成拆装与检修

情景描述 →

　　小王于 2016 年 5 月购买了通用别克威朗 2016 款三厢自动进取型轿车，最近发现车辆在行驶时向左打方向盘稍微沉重，向右打方向盘正常，仪表显示无故障。于是前往 4S 店修理，维修人员接待了小王，详细询问车辆故障现象及故障发生的过程，了解客户需求后，展开维修工作。

项目描述 →

　　通过前面案例分析判断，该车辆转动方向盘沉重，基本可以判定是转向系统出现问题，对转向柱、中间转向轴、转向器等部件进行检查，确定异响发出点在转向器，对转向器总成进行检查。

项目目标 →

对别克威朗的转向器总成拆装与检修。

1. 知识目标

理解转向器工作原理。

2. 技能目标

1）掌握转向器总成拆装流程。

2）掌握起动机拆装流程。

3）能够正确使用举升设备。

理论知识

一、转向系统的功用及类型

1. 转向系统的功用

汽车通过传动系统和行驶系统将发动机的动力转变为汽车行驶的驱动力，使汽车产生运动。转向系统的功用是按照驾驶员的意愿改变汽车的行驶方向和保持汽车稳定的直线行驶。

2. 转向系统的类型

汽车转向系统根据其转向力来源的不同，可以分为机械转向系统和动力转向系统两大类型。

（1）机械转向系统

以驾驶员的体力作为转向能源，又称人力转向系统。机械转向系统一般由 3 部分组成，即转向操纵机构、转向器和转向传动机构。

（2）动力转向系统

动力转向系统兼用驾驶员的体力和发动机动力作为转向能源，并且以发动机动力作为主要能源。

二、机械转向系统的组成和工作原理

1. 机械转向系统基本组成

（1）转向操纵机构

驾驶员操纵转向器工作的机构，包括转向盘、转向轴、万向节和转向传动轴等机件。

（2）转向器

转向器是转向系统中一种特殊的减速装置，它的传动比较大，还应具有一定的可逆性。作用是将驾驶员加在转向盘上的力矩放大，并降低速度，然后传给转向传动机构。轿车上常采用齿轮齿条式转向器。

（3）转向传动机构

由转向直拉杆、转向节臂、转向横拉杆和左右梯形臂等机件构成。前轴的两端和转向节由主销铰接在一起，转向节上连有左右梯形臂，两臂铰接在转向横拉杆上。其中梯形臂及转向横拉杆的作用是与前轴构成转向梯形，保证左、右转向轮按一定规律偏转。

2. 转向原理及工作特点

汽车转向时，驾驶员转动方向盘，通过转向轴、转向节和转向传动轴，将转向力矩输入转向器，转向器中1~2级啮合传动副，起到降速增矩的作用。转向器输出的转矩经转向摇臂，通过转向直拉杆传递给固定在左转向节上的转向节臂，使左转向节及其上的左转向轮绕主销偏转。左右转向梯形臂的一端分别固定在左右转向节上，另一端则与转向横拉杆连接。当左边的转向节偏转时，经过左转向梯形臂、转向节臂和右转向梯形臂，使右转向节偏转同样的角度。

机械转向系统的主要结构包括转向盘、转向轴、万向节、中间轴、转向器等，具体如图6-1所示。

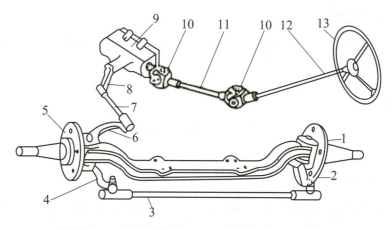

1—右转向节；2，4—梯形臂；3—转向横拉杆；5—左转向节；6—转向节臂；7—转向直拉杆；
8—转向摇臂；9—转向器；10—万向节；11—转向传动轴；12—转向轴；13—转向盘。

图6-1　机械转向系统结构示意图

三、动力式转向系统

动力式转向系统按提供的力的性质不同，分为液压式动力转向系统和电控动力转向系统。

1. 液压式动力转向系统

液压式动力转向系统是在原有的机械式转向系统基础上增设的一整套液压助力装置，如图6-2所示为液压动力转向系统。液压动力转向系统的大部分能量是由发动机通过液压助力装置提供的，驾驶员只需在转向盘上加一个较小的力，发动机驱动的油泵建立的高压油便在控制阀的控制下进入动力缸，推动转向轮偏转实现汽车转向。

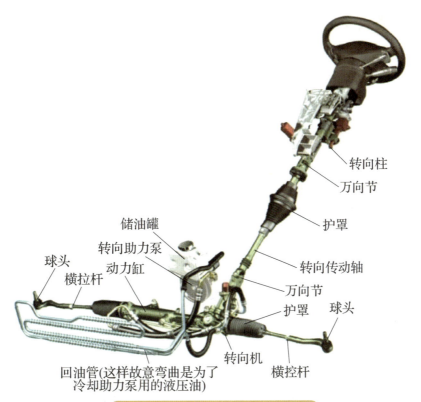

动画 - 齿轮齿条式转向器工作原理

图 6-2　液压动力转向系统

2. 电控液力式动力转向系统

电控液力式动力转向系统主要由转向控制阀、电磁阀、分流阀、转向动力缸、转向油泵、储油罐、车速传感器和电子控制单元等组成，如图 6-3 所示。

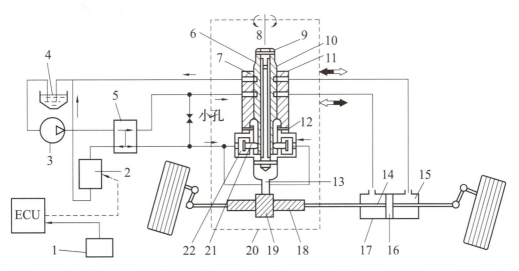

1—车速传感器；2—电磁阀；3—动力转向油泵；4—储液罐；5—分流阀；6—扭力杆；7—通道；8—转向盘；
9，12—销子；10—控制阀轴；11—回转阀；13—小齿轮轴；14—左油室；15—右油室；16—动力缸活塞；
17—动力缸；18—齿条；19—小齿轮；20—动力转向器总成；21—柱塞；22—油压反力室。

图 6-3　电控液力式动力转向系统

电控液力式动力转向系统具有 3 种控制状态。电子控制单元（ECU）根据车速传感器信号判断出车辆停止、低速状态与中高速状态，控制电磁阀通电电流。

3 停车与低速状态

电子控制单元（ECU）使电磁阀通电电流大，经分流阀分流的油液通过电磁阀流回油箱，柱塞受到的背压小（油压低），柱塞推动控制阀阀杆的力矩小，因此只需要较小的转向力就可使扭杆扭转变形，使阀体与阀杆发生相对转动而使控制阀打开，油泵输出油压作用到动力缸右室（或左室），使动力缸活塞左移（或右移），产生转向助力。

四、线控转向技术 ≫

汽车线控转向系统取消了转向盘与转向轮之间的机械连接，完全由电能实现转向，摆脱了传统转向系统的各种限制，不但可以自由设计汽车转向的力传递特性，而且可以设计汽车转向的角传递特性，给汽车转向特性的设计带来无限的空间，是汽车转向系统的重大革新，如图 6-4 所示。

汽车线控转向系统的工作原理。用传感器检测驾驶员的转向数据，然后通过数据总线将信号传递给车上的 ECU，并从转向控制系统获得反馈命令；转向控制系统也从转向操纵机构获得驾驶员的转向指令，并从转向系统获得车轮情况，从而指挥整个转向系统的运动。转向系统控制车轮转到需要的角度，并将车轮的转角和转动转矩反馈到系统的其余部分，比如转向操纵机构，以使驾驶员获得路感，这种路感的大小可以根据不同的情况由转向控制系统控制。

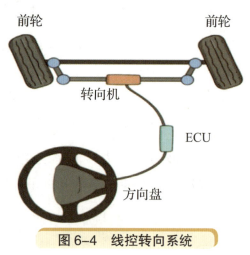

图 6-4　线控转向系统

1 折叠线控转向的优缺点

1）可以轻易地实现主动转向功能。

2）可以获得比 EPS 更快的响应速度。

3）可以轻易地滤除路面激振信号。

4）碰撞时管柱侵入的可能性降低，安全得到提高。

5）更灵活的布置方式。

6）可以获得更大的驾驶员腿部空间。

2 线控转向系统的缺点

1）需要较高功率的力反馈电机和转向执行。

2）复杂的力反馈电机和转向执行算法实现。

3）冗余设备导致额外增加成本和质量。

项目实施 ➡

视频 – 转向器总成拆装与检测

步骤	图示	操作步骤	
1		操作内容	车辆防护
		技术要求	车辆内外三件套、车轮挡块、尾气排放装置
		安全隐患	车辆冲出操作位置，油漆漆面损伤
2		操作内容	断开蓄电池负极
		技术要求	正确选择工具，拆除负极螺栓
		安全隐患	操作不当会造成蓄电池短路
3		操作内容	转动方向盘，锁止转向柱
		技术要求	使车辆的车轮处于正前方位置，锁定转向柱
		安全隐患	损坏转向柱
4		操作内容	转向轴上螺栓拆下
		技术要求	选择正确的工具 M13 拆卸螺栓
		安全隐患	螺栓损坏
5		操作内容	解锁方向盘
		技术要求	转动方向盘并转动汽车钥匙
		安全隐患	汽车钥匙破损
6		操作内容	分离转向器和转向轴
		技术要求	转动转向轴，调整到合适的角度进行分离
		安全隐患	损坏转向柱

步骤	图示	操作步骤	
7	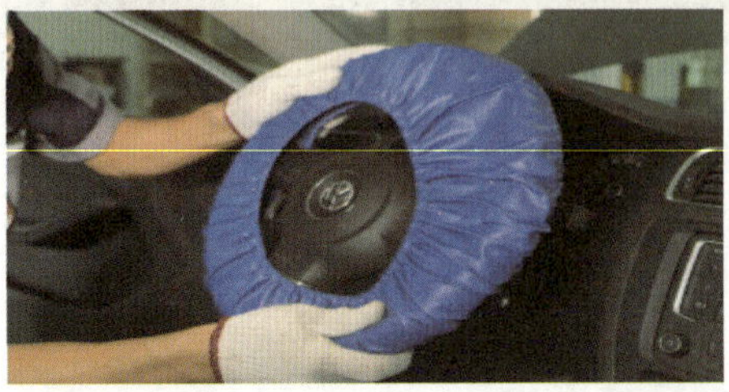	操作内容	锁定方向盘
		技术要求	转动方向盘并转动汽车钥匙
		安全隐患	汽车钥匙破损
8	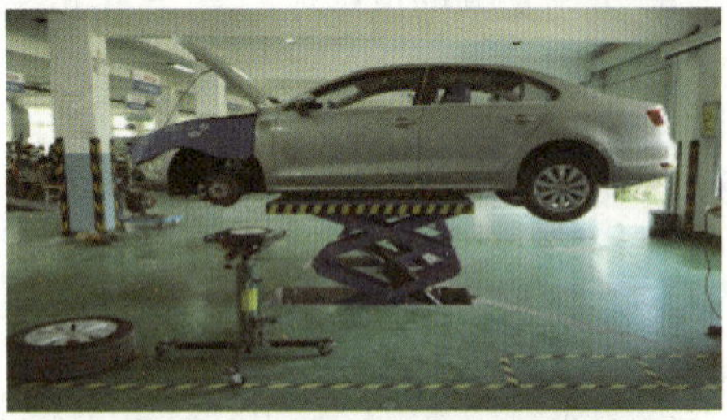	操作内容	车辆举升到适当位置
		技术要求	垫块安装位置正确，车辆举升后进行锁止
		安全隐患	举升车辆掉落风险
9	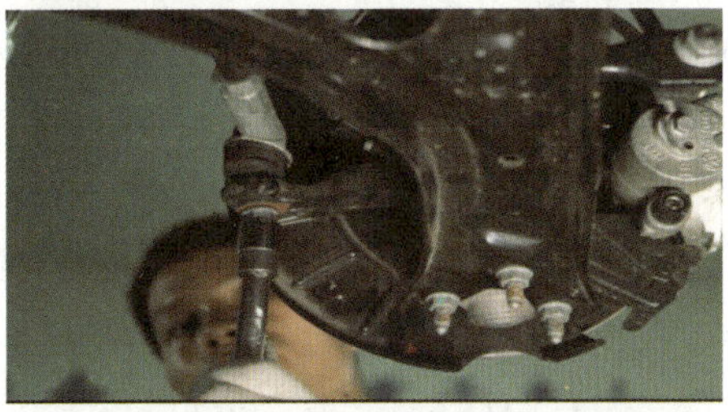	操作内容	拆卸横拉杆螺母，脱开外球头
		技术要求	选用正确工具 M18 进行操作，转向传动机构转向横拉杆螺母
		安全隐患	螺母表面受损
10	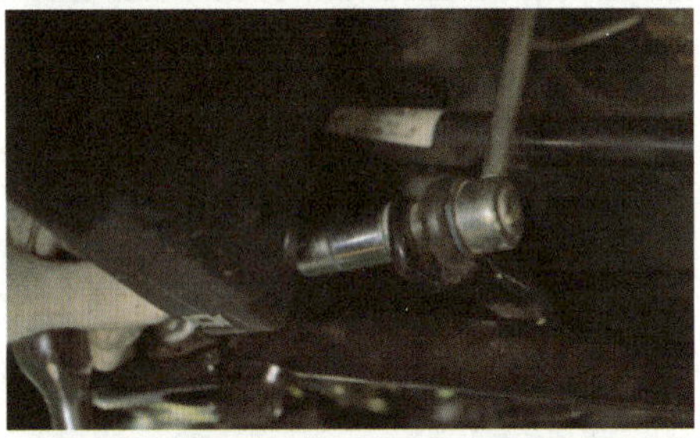	操作内容	从稳定杆上断开拧下螺母，并分离稳定杆
		技术要求	选用正确工具 M18 进行操作，拆下稳定杆螺母
		安全隐患	稳定杆螺母损坏
11		操作内容	断开下摆臂螺母，从下摆臂上拧下螺母
		技术要求	选用正确工具 M16 进行操作，拆下下摆臂螺母
		安全隐患	下摆臂螺母损坏
12		操作内容	拆卸另一侧横拉杆螺母
		技术要求	选用正确工具 M18 进行操作，转向传动机构转向横拉杆螺母
		安全隐患	螺母表面受损

步骤	图示	操作步骤	
13		操作内容	拆卸另一侧稳定杆螺母
		技术要求	选用正确工具 M18 进行操作，拆下稳定杆螺母
		安全隐患	稳定杆螺母损坏
14		操作内容	拆卸另一侧下摆臂螺母
		技术要求	选用正确工具 M16 进行操作，拆下下摆臂螺母
		安全隐患	下摆臂螺母损坏
15		操作内容	安装托架在副梁下
		技术要求	托架安装稳定
		安全隐患	托架倾斜倒塌损坏
16		操作内容	拆卸变速器托架螺栓
		技术要求	选用正确工具 M16 进行操作，拆下变速器托架螺栓
		安全隐患	变速器托架螺栓损坏
17		操作内容	拆卸副悬架托架螺栓
		技术要求	选用正确工具 M18 进行操作，拆下副车架
		安全隐患	副悬架托架螺栓损坏
18		操作内容	断开电气连接器
		技术要求	电气连接器、动力转向辅助电机断开连接
		安全隐患	连接器损坏

步骤	图示	操作步骤	
19		操作内容	取下转向器总成
		技术要求	缓慢下降托架，防止转向器总成掉落
		安全隐患	副车架掉落
20		操作内容	安装转向器总成
		技术要求	举升转向器总成到合适位置，对准安装位置
		安全隐患	转向器总成掉落
21		操作内容	连接电气连接器
		技术要求	电气连接器、动力转向辅助电机连接可靠
		安全隐患	电气连接器破损
22		操作内容	对准下摆臂孔位
		技术要求	下摆臂孔位与安装螺栓位置对准
		安全隐患	螺栓表面螺纹损坏
23		操作内容	安装副悬架托架螺栓
		技术要求	用手带入副车架螺栓，再用工具预紧
		安全隐患	螺栓螺纹损坏
24	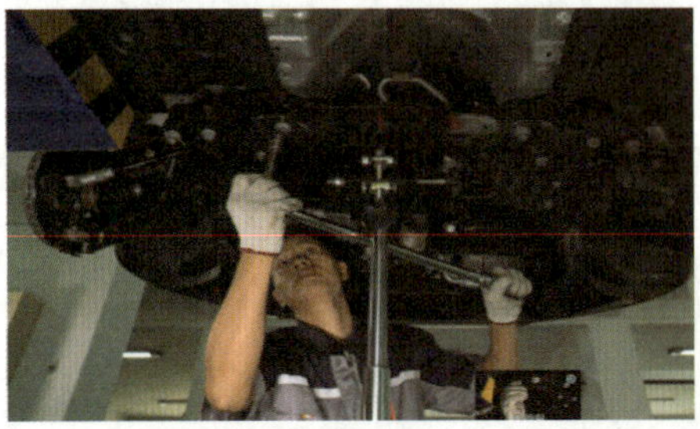	操作内容	安装副悬架托架螺栓到位并拧紧
		技术要求	选用正确工具 M18 进行操作，安装副车架，拧紧力矩 70 N·m，旋转 180°
		安全隐患	力矩不达标，导致螺栓松动

步骤	图示	操作步骤	
25		操作内容	安装变速器托架螺栓
		技术要求	用手带入变速器托架螺栓，再用工具预紧
		安全隐患	变速器托架螺栓表面螺纹损坏
26		操作内容	紧固安装变速器托架螺栓
		技术要求	选用正确工具 M16 进行操作，安装变速器托架螺栓，拧紧力矩 50 N·m，旋转 90°
		安全隐患	力矩不达标，导致螺栓松动
27		操作内容	安装下摆臂螺母
		技术要求	用手带入下摆臂螺栓，再用工具预紧
		安全隐患	下摆臂螺母损坏
28		操作内容	紧固下摆臂螺母
		技术要求	选用正确工具 M16 进行操作，安装下摆臂螺母，拧紧力矩 100 N·m
		安全隐患	力矩不达标，导致螺栓松动
29		操作内容	安装稳定杆螺母
		技术要求	用手带入稳定杆螺栓，再用工具预紧
		安全隐患	稳定杆螺母损坏
30		操作内容	紧固稳定杆螺母
		技术要求	选用正确工具 M18 进行操作，安装稳定杆螺母，拧紧力矩 65 N·m
		安全隐患	力矩不达标，导致螺栓松动

步骤	图示	操作步骤	
31		操作内容	安装横拉杆外球头并带入螺母
		技术要求	安装位置正确，防止外球头螺纹损坏
		安全隐患	外球头螺纹损坏，螺母螺纹损坏
32		操作内容	紧固锁止螺母
		技术要求	选用正确工具进行操作 M18，拧紧力矩 20 N·m，旋转 90°
		安全隐患	力矩不达标，导致螺母松动
33		操作内容	取下自动变速器托架
		技术要求	规范操作，控制下降速度
		安全隐患	自动变速器托架损坏
34		操作内容	车辆下降到适当位置
		技术要求	垫块安装位置正确，车辆降落后进行锁止
		安全隐患	车辆掉落风险
35	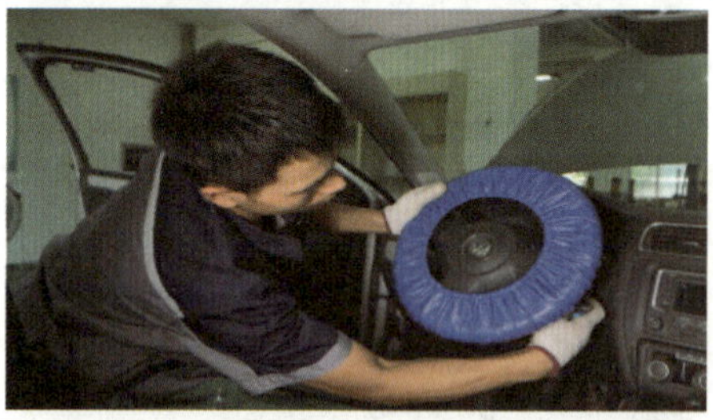	操作内容	解锁方向盘
		技术要求	转动方向盘并转动汽车钥匙
		安全隐患	汽车钥匙破损
36	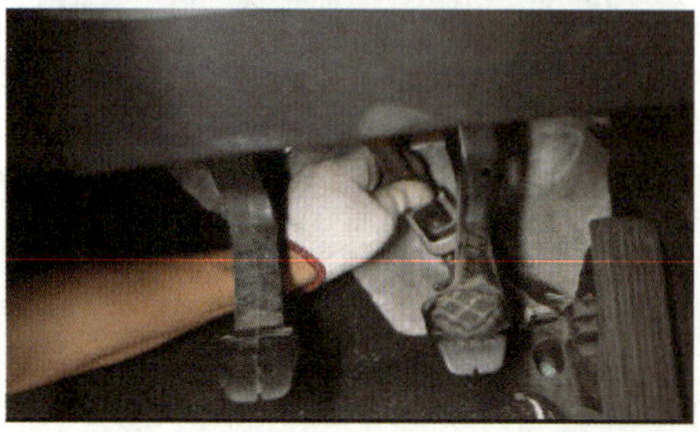	操作内容	安装转向柱
		技术要求	转动转向轴，调整到适合的角度进行安装
		安全隐患	损坏转向柱

续表

步骤	图示	操作步骤	
37		操作内容	锁止方向盘
		技术要求	转动方向盘并转动汽车钥匙
		安全隐患	汽车钥匙破损
38		操作内容	安装转向柱螺栓，中间转向轴下螺栓
		技术要求	安装并紧固 30 N·m
		安全隐患	力矩不达标，导致螺栓松动
39		操作内容	连接蓄电池负极
		技术要求	正确选择工具 M10，连接负极螺栓
		安全隐患	蓄电池负极接触不良
40		操作内容	整理复位
		技术要求	收回车辆内外三件套、车轮挡块，工具复位
		安全隐患	工具丢失

实训记录 →

转向器总成拆装与检修项目工单如下。

测量数据记录			
序号	零部件名称	检查情况	维修措施
1	横拉杆		
2	稳定杆		
3	下摆臂		
4	转向器总成		

项目评价 →

转向器总成拆装与检修评分细则如下。

序号	评分项	评分标准	配分	扣分
1	规范操作、职业精神	1. 规范作业 □ 1.1 检查作业所需工量具设备是否齐全（1分） □ 1.2 检查作业环境是否安全（1分） □ 1.3 正确安装车内三件套（1分） □ 1.4 正确使用车辆垫块（1分） □ 1.5 使用工量具前对工量具进行清洁、检查（2分） □ 1.6 作业完成后对工量具进行复位（1分） □ 1.7 作业过程中三不落地（3分） 2. 职业精神 □ 2.1 作业过程安全、规范、严谨操作（3分）	13	
2	应用技能、操作技能	□ 1. 车辆维护：安装三件套（1分） □ 2. 断开蓄电池负极：工具选用正确（2分） □ 3. 锁定方向盘：操作规范（2分） □ 4. 拆卸螺栓：转向轴上螺栓拆下（2分） □ 5. 分离转向器和转向轴：位置正确（2分） □ 6. 举升车辆：车辆举升到适当位置（1分） □ 7. 拆卸两侧横向稳定杆螺母：工具选用正确（4分） □ 8. 拆卸两侧稳定杆螺母：工具选用正确 M18（4分） □ 9. 拆卸两侧下摆臂螺母：工具选用正确 M16（4分） □ 10. 安装托架：安装托架在副梁下（1分） □ 11. 拆卸托架螺栓（2分） □ 12. 断开电气连接器插头（1分） □ 13. 取下总成：副车架和转向器总成（2分） □ 14. 安装总成：副车架和转向器总成：对准安装位置（2分） □ 15. 连接电气连接器（2分） □ 16. 安装下摆臂孔位：安装位置正确（2分） □ 17. 安装副悬架托架螺栓：拧紧力矩 70 N·m，旋转 180°（4分） □ 18. 安装变速器托架螺栓：拧紧力矩 50 N·m，旋转 90°（4分） □ 19. 安装下摆臂螺母：拧紧力矩 100 N·m（4分） □ 20. 安装稳定杆螺母：拧紧力矩 65 N·m（4分） □ 21. 安装横拉杆外球头，拧紧力矩 20 N·m，旋转 90°（4分） □ 22. 取下自动变速器托架：规范操作（1分） □ 23. 降下车辆：车辆降下到适当位置（2分） □ 24. 安装转向柱：位置安装正确（3分） □ 25. 电源连接：连接蓄电池负极（2分） □ 26. 整理复位：收回车辆内外三件套、车轮挡块，工具复位（2分）	64	

续表

序号	评分项	评分标准	配分	扣分
3	资料应用	□ 1. 能正确使用维修手册查询资料（6分） □ 2. 能在规定时间内查询所需资料（2分） □ 3. 能正确记录所需维修信息（3分）	11	
4	工具及设备使用	□ 1. 能正确选用维修工具（3分） □ 2. 能正确使用举升垫块（2分） □ 3. 能正确安装三件套（2分） □ 4. 能正确规范使用预调式扭力扳手（3分） □ 5. 能正确使用举升机（2分）	12	
总分			100	

课后练习 →

填写下表中部件名称。

项目七

制动总成检测

情景描述 →

一辆威朗轿车，行驶了 80 000 km，据车主反映车辆在制动时，方向盘会跑偏，制动力不足，刹车距离变长，一踩刹车，左前轮处有铁碰铁的金属摩擦声。（2016 款三厢自动进取型轿车）

项目描述 →

根据车主提供的信息，基本判断可能是刹车系统出了问题，初步检查发现这辆车的刹车片以及刹车盘磨损不正常，需进行拆检。

项目目标 →

1. 知识目标

1）能够熟悉制动系统的基本组成、总体构造和工作原理。

2）熟悉盘式制动器和鼓式制动器的功用、结构和工作原理。

2. 技能目标

1）能够正确地对制动系统进行结构拆装、检查与调整。

2）能够在操作过程中认识职业素养要求，体现严谨、负责、遵规、守法的职业精神。

理论知识

一、制动系统的作用

1）按照需要使汽车减速或在最短距离内停车。

2）下坡行驶时限制车速。

3）使汽车可靠地停放在原地，保持不动。

二、制动系统的组成

现代汽车上一般都包括两套独立的制动系统：行车制动系统和驻车制动系统。

1. 行车制动系统

用于使行驶中的车辆减速或停车，制动器安装在全部的车轮上，通常由驾驶员用脚操纵。行车制动系统包括制动器（左右前轮制动器、后轮制动器）、真空助力器、制动油管、制动主缸（又称制动总泵）、制动轮缸（又称制动分泵）、制动液储液罐和制动踏板等，如图7-1所示。常见的制动器主要有鼓式制动器和盘式制动器。

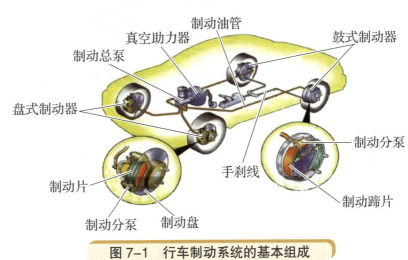

图7-1　行车制动系统的基本组成

2. 驻车制动系统

用于停驶的汽车驻留原地，通常由驾驶员用手操纵。驻车制动系统包括驻车操纵机构总成、制动拉索、驻车制动器等。

三、制动系统的工作原理

制动系统的一般工作原理：利用与车身（或车架）相连的非旋转元件和与车轮（或传动轴）相连的旋转元件之间的相互摩擦来阻止车轮的转动或转动的趋势。下面主要介绍行车制动系统的工作原理。

行车制动系统由车轮制动器和液压传动机构两部分组成。车轮制动器的旋转部分是制动鼓，它固定在轮毂上，与车轮一起旋转，固定部分是制动蹄和制动底板等。制动蹄上铆有摩擦片，其下端套在支承销上，上端用回位弹簧拉紧，压靠在轮缸内的活塞上。支承销和轮缸都固定在制动底板上，制动底板用螺钉与转向节凸缘（前桥）或桥壳凸缘（后桥）固定在一起。制动蹄靠液压轮缸使其张开。行车制动系统的一般工作原理如图7-2所示。

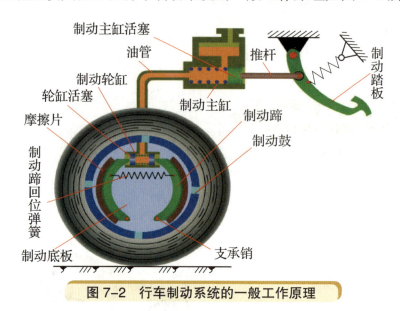

图7-2　行车制动系统的一般工作原理

1. 不制动时

制动鼓的内圆柱面与摩擦片之间保留一定间隙，制动鼓可以随车轮一起旋转。

2. 制动时

驾驶人踩下制动踏板，推杆便推动制动主缸内的活塞左移，迫使制动液经管路进入制动轮缸，推动制动轮缸的活塞向外移动，使制动蹄克服回位弹簧的拉力绕支承销转动而张开，消除制动蹄与制动鼓之间的间隙后压紧在制动鼓上。此时，不旋转的制动蹄摩擦片对旋转的制动鼓产生摩擦力矩，其方向与车轮的旋转方向相反。制动鼓将此力矩传到车轮后，由于车轮与路面的附着作用，车轮即对路面作用一个向前的圆周力，与此相反，路面会给车轮向后的反作用力，这个力就是车轮受到的制动力。各车轮制动力的总和就是汽车受到的总的制动力。

3. 放松制动踏板

在回位弹簧作用下，制动蹄与制动鼓的间隙又得以恢复，从而解除制动。

四、鼓式制动器

鼓式制动器主要包括制动轮缸、制动蹄、制动鼓、摩擦片、回位弹簧等部分，如图7-3

所示。其主要是通过液压装置使摩擦片与随车轮转动的制动鼓内侧面发生摩擦，从而起到制动的效果。在踩下制动踏板时，推动制动总泵的活塞运动，进而在油路中产生压力，制动液将压力传递到车轮的制动分泵推动活塞，活塞推动制动蹄向外运动，进而使摩擦片与制动鼓发生摩擦，从而产生制动力，如图 7-4 所示。

图 7-3　鼓式制动器结构

在踩下刹车踏板时，制动轮缸的活塞推动摩擦片向外运动，使摩擦片与制动鼓的内侧面发生摩擦，以达到降低车速的目的。

图 7-4　鼓式制动器工作原理

从结构中可以看出，鼓式制动器工作在一个相对封闭的环境，制动过程中产生的热量不易散出，频繁制动影响制动效果。不过鼓式制动器可提供很高的制动力，广泛应用于重型车上。

动画－盘式制动器

五、盘式制动器

盘式制动器也叫碟式制动器，主要由制动盘、制动钳、摩擦片、制动分泵钳活塞、油管等部分构成，如图 7-5 所示。盘式制动器通过液压系统把压力施加到制动钳上，使摩擦片与随车轮转动的制动盘发生摩擦，从而达到制动的目的，如图 7-6 所示。

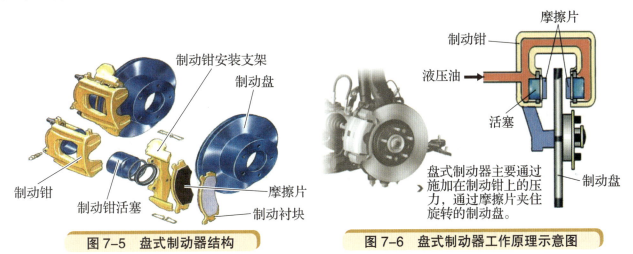

图 7-5　盘式制动器结构

盘式制动器主要通过施加在制动钳上的压力，通过摩擦片夹住旋转的制动盘。

图 7-6　盘式制动器工作原理示意图

与封闭式的鼓式制动器不同的是，盘式制动器是敞开式的。制动过程中产生的热量可以很快散去，拥有很好的制动效能，现在已广泛应用于轿车上。

六、盘式制动器类型

盘式制动器根据其固定元件的结构形式可分为全盘式制动器和钳盘式制动器。全盘式制动器由于制动钳的横向尺寸较大，主要应用在重型车上。钳盘式制动器广泛应用在轿车或轻型货车上。钳盘式制动器的固定元件为制动钳，按制动钳固定在支架上的结构形式，钳盘式制动器可分为定钳盘式制动器和浮钳盘式制动器。

1. 定钳盘式制动器

定钳盘式制动器主要由制动钳、活塞（在制动轮缸内）、摩擦片、制动盘等组成，其结构与工作原理示意图如图7-7所示。制动盘是旋转元件、它和车轮固装在一起旋转，以其端面为摩擦工作表面。跨置在制动盘上的制动钳固定安装在车桥上，它不能旋转也不能沿制动盘轴线方向移动，其内部的两个活塞分别位于制动盘的两侧。制动时，制动液由制动主缸经油管进入钳体中两个相通的液压腔中，将两侧的摩擦片压向与车轮固定连接的制动盘，从而实现制动。

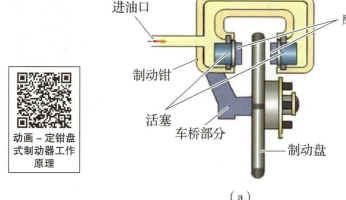
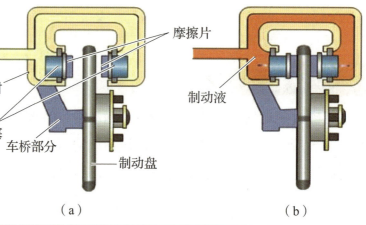

动画 – 定钳盘式制动器工作原理

进油口　摩擦片　制动钳　活塞　车桥部分　制动盘　制动液

（a）　　　　　　　　（b）

图 7-7　定钳盘式制动器的结构与工作原理示意图
（a）未制动时；（b）制动时

2. 浮钳盘式制动器

浮钳盘式制动器主要由制动钳、活塞（在制动轮缸内）、摩擦片、制动盘等组成，其结构与工作原理示意图如图7-8所示。制动钳通过导向销与车桥相连，可以相对于制动盘轴向移动。制动钳只在制动盘的内侧设置液压缸，而外侧的摩擦片则附装在钳体上。制动时，制动液通过进油管进入制动轮缸，推动活塞及其上的摩擦片向右移动，并压到制动盘上，随后制动钳在制动液反作用力的作用下使液压缸连同制动钳整体沿导向销向左移动，直到制动盘右侧的摩擦片也压到制动盘上，左、右摩擦片共同夹紧制动盘并使其制动。

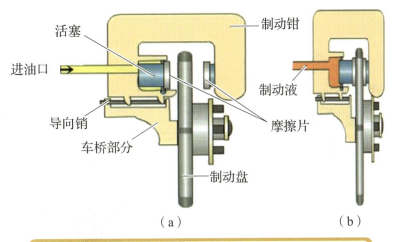

图 7-8　浮钳盘式制动器的结构与工作原理示意图
（a）未制动时；（b）制动时

知识拓展 →

一、制动辅助系统 »

1. 紧急制动辅助系统（EBA）

紧急制动辅助系统，其作用是当电子控制单元 ECU 发现驾驶员进行紧急制动时，可在瞬间自动加大制动力，以防止因为司机制动力不足而发生险情，如图 7-9 所示。

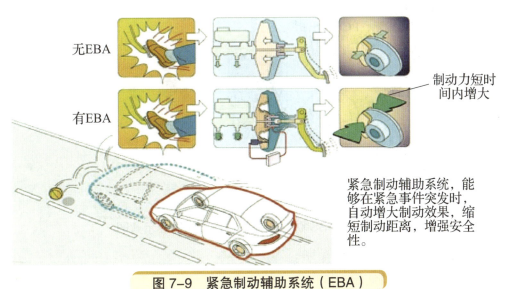

无EBA

有EBA

制动力短时间内增大

紧急制动辅助系统，能够在紧急事件突发时，自动增大制动效果，缩短制动距离，增强安全性。

图 7-9　紧急制动辅助系统（EBA）

2. ABS 防抱死刹车系统

它是一种具有防滑、防锁死等优点的汽车安全控制系统，已广泛应用于汽车上。ABS 防抱死刹车系统主要由 ABS 控制单元、ABS 控制器、前轮车速传感器、后轮车速传感器等部分组成，如图 7-10 所示。

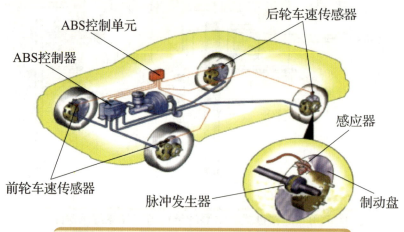

图 7-10　ABS 防抱死刹车系统结构示意图

制动过程中，ABS 控制单元不断从前、后轮车速传感器获取车轮的速度信号，并加以处理，进而判断车轮是否即将被抱死。ABS 刹车制动的特点是当车轮趋于抱死临界点时，制动分泵压力不随制动主泵压力增加而增加，压力在抱死临界点附近变化。

如判断车轮没有抱死，制动压力调节装置不参加工作，制动力将继续增大；如判断出某个车轮即将抱死，ECU 向制动压力调节装置发出指令，关闭制动主缸与制动轮缸的通道，使制动轮的压力不再增大；如判断出车轮出现抱死拖滑状态，即向制动压力调节装置发出指令，使制动轮缸的油压降低，减少制动力，如图 7-11 所示。

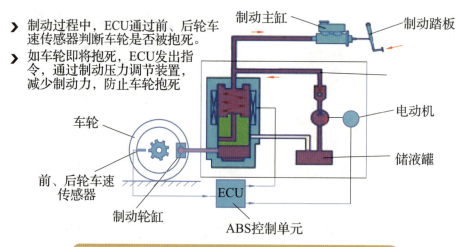

图 7-11　ABS 防抱死刹车系统工作原理示意图

3. 车身电子稳定系统 ESP

车身电子稳定系统是博世（BOSCH）公司的专利。其他公司也有研发出类似的系统，如宝马的 DSC、丰田的 VSC 等。

车身电子稳定系统 ESP 主要由 ESP 电子控制单元，方向盘传感器（监测方向盘的转向角度），前、后轮车速传感器（监测各个车轮的速度转动），摇摆运动传感器，发动机 ECU 等组成，如图 7-12 所示。

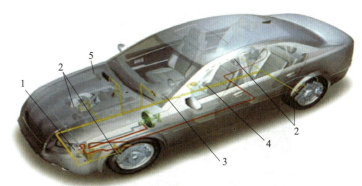

1—ESP 电子控制单元；2—前、后轮车速传感器；3—方向盘传感器；4—摇摆运动传感器；5—发动机 ECU。

图 7-12　车身电子稳定系统 ESP

当汽车快速行驶或者转向时，产生的横向作用力会使汽车不稳定，易发生事故，而 ESP 系统可以将这种情况防患于未然。当车辆前面突然出现障碍物时，驾驶员必须快速向左转弯，此时转向传感器将此信号传递到 ESP 控制总成，侧滑传感器和横向加速度传感器发出汽车转向不足的信号，这就意味着汽车将会直接冲向障碍物。那么这时 ESP 系统将会瞬间将后轮紧急制动，这样就能产生转向需要的反作用力，使汽车按照转向意图行驶，如图 7-13 所示。

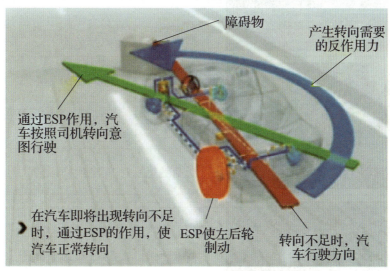

图 7-13　ESP 系统工作原理图示意图

项目实施 →

步序	图示	操作步骤	
1		操作内容	工量具和材料准备
		技术要求	检查工量具能否正常使用
		安全隐患	安全操作以防工具掉落
2		操作内容	车辆防护
		技术要求	安装三件套
		安全隐患	安全操作以防油漆漆面损伤
3		操作内容	将变速杆置于空挡，释放驻车制动
		技术要求	挡位正确
		安全隐患	安全操作以防止误挂挡位
4		操作内容	安装车辆举升块
		技术要求	安装位置对称，正确
		安全隐患	安全操作以防举升块安装不到位，车辆掉落危险
5		操作内容	拆卸左前车轮
		技术要求	预制式扭力扳手采用拉的方式，对角线拧松
		安全隐患	安全操作以防工具及螺丝掉落
6		操作内容	举升车辆
		技术要求	举升至适当高度
		安全隐患	安全操作以防车辆举升过程中倾斜

步序	图示	操作步骤	
7		操作内容	拆卸制动钳紧固螺栓
		技术要求	选择合适的套筒
		安全隐患	安全操作以防工具掉落
8		操作内容	抬起制动钳
		技术要求	用 S 型钩子挂起制动钳
		安全隐患	安全操作以防工具掉落
9		操作内容	压回制动活塞
		技术要求	工具使用正确
		安全隐患	安全操作以防工具掉落
10		操作内容	取出制动摩擦片
		技术要求	分清内外摩擦片
		安全隐患	安全操作以防工具、零件掉落
11		操作内容	清洁测量物表面
		技术要求	清洁制动盘一周及磁性表座安装位置
		安全隐患	安全操作以防工具掉落
12		操作内容	检查外径千分尺并校零
		技术要求	测砧接近后响 2~3 声
		安全隐患	安全操作以防工具掉落

续表

步序	图示	操作步骤	
13	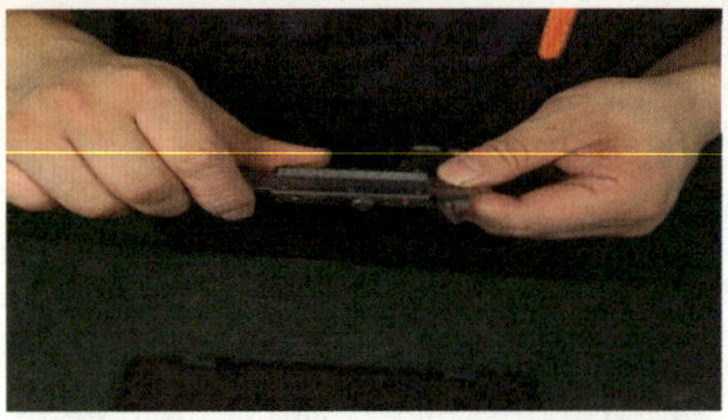	操作内容	检查游标卡尺并记录误差
		技术要求	两零线是否重合，制动螺钉锁止是否正常
		安全隐患	安全操作以防工具掉落
14		操作内容	检查并安装磁性表座
		技术要求	检查磁性表座磁性
		安全隐患	安全操作以防工具掉落
15	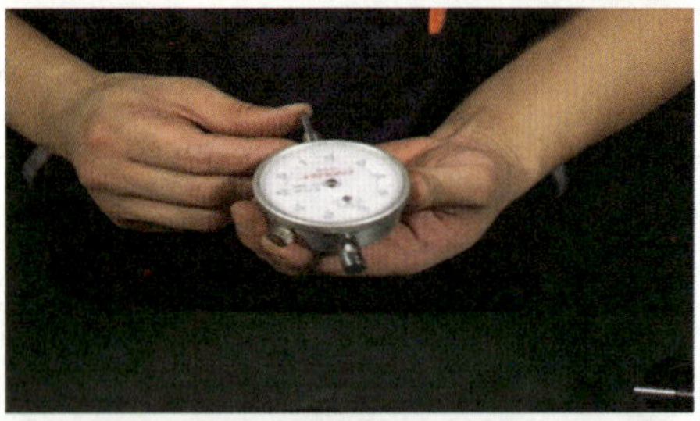	操作内容	检查安装百分表并校零
		技术要求	百分表的旋转是否正常，测头是否正常伸缩
		安全隐患	安全操作以防工具掉落
16	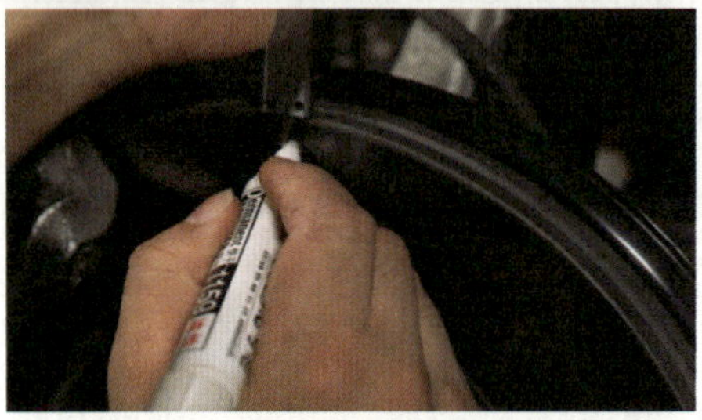	操作内容	制动盘做记号
		技术要求	10 mm 处取点及旋转一圈做记号
		安全隐患	安全操作以防工具掉落
17	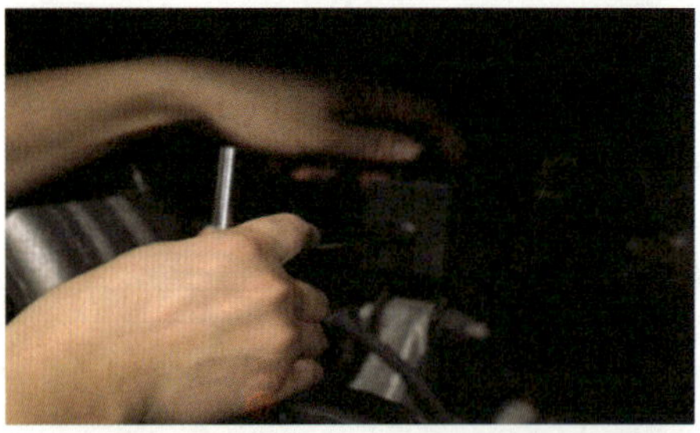	操作内容	安装磁性表座
		技术要求	检查表座及百分表的垂直度
		安全隐患	安全操作以防工具掉落
18	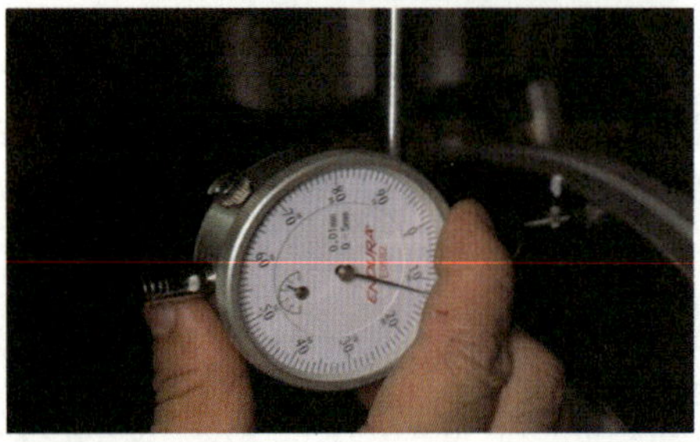	操作内容	调整百分表
		技术要求	压缩半圈至一圈并调零
		安全隐患	安全操作以防工具掉落

步序	图示	操作步骤	
19		操作内容	测量圆跳动
		技术要求	制动盘顺时针旋转一周，读出圆跳动量
		安全隐患	安全操作以防工具掉落
20		操作内容	制动盘做记号
		技术要求	15 mm 处平均取四个点
		安全隐患	安全操作以防工具掉落
21		操作内容	测量制动盘厚度
		技术要求	用千分尺测量，响 2~3 声并锁止读出测量值，测一次清洁一次
		安全隐患	安全操作以防工具掉落
22		操作内容	清洁制动片
		技术要求	清洁制动片
		安全隐患	安全操作以防工具掉落
23		操作内容	制动片做记号
		技术要求	使用游标卡尺在制动片上距离边缘 10 mm 处做六个位置记号
		安全隐患	安全操作以防工具掉落
24		操作内容	测量制动片
		技术要求	分别测量记号的六个点
		安全隐患	安全操作以防工具掉落

步序	图示	操作步骤	
25		操作内容	安装制动片
		技术要求	内外制动片不装错
		安全隐患	安全操作以防工具、零件掉落
26		操作内容	安装制动钳
		技术要求	制动钳螺栓拧紧力矩
		安全隐患	安全操作以防工具掉落
27		操作内容	安装轮胎
		技术要求	轮胎螺栓安装拧紧顺序及力矩
		安全隐患	安全操作以防工具、轮胎掉落
28		操作内容	清洁整理
		技术要求	清洁整理工具
		安全隐患	安全操作以防工具掉落

实训记录 →

量具选用记录如下。

品牌		整车型号		生产年月	
发动机型号		排量		行驶里程	
车辆识别码					
测量内容		选择量具名称、规格			
制动盘	厚度				
	端面跳动				
制动片	厚度				

量具检查校验记录如下。

量具名称	内容	结果记录及判断		
		校正标准 /mm	校正数据 /mm	修正量 /mm
	外观检查	□正常　□不正常		
	校验			
	判断	□正常，能使用　□不正常，更换，修正量（_____mm）		
	外观检查	□正常　□不正常		
	校验			
	判断	□正常，能使用　□不正常，更换，修正量（_____mm）		
	外观检查	□正常　□不正常		
	校验			
	判断	□正常，能使用　□不正常，更换，修正量（_____mm）		
	外观检查	□正常　□不正常		
	校验			
	判断	□正常，能使用　□不正常，更换，修正量（_____mm）		
	外观检查	□正常　□不正常		
	校验			
	判断	□正常，能使用　□不正常，更换，修正量（_____mm）		

测量数据记录分析判断如下。

制动盘（工作面）厚度			制动盘表面圆端面跳动量
测量内容	最大值	最小值	
实际数据 /mm			
分析判断	□正常　□不正常		□正常　□不正常
制动盘技术状况判断：□合格　□不合格			
内制动片工作面厚度			
测量内容	最大值		最小值
实际数据 /mm			
分析判断	□正常　□不正常		
外制动片工作面厚度			
测量内容	最大值		最小值
实际数据 /mm			
分析判断	□正常　□不正常		
制动片技术状况判断：　□合格　□不合格			

项目评价 →

制动总成检测评分细则如下。

序号	评分项	得分条件	配分	得分
1	规范作业、职业精神	1. 规范作业 □ 1.1 检查作业所需工量具设备是否完备（2分） □ 1.2 检查作业环境是否配备灭火器（1分） □ 1.3 检查举升机举升情况是否正常（1分） □ 1.4 正确安装车内外防护（2分） □ 1.5 正确安装车轮挡块（1分） □ 1.6 使用工量具前对工量具进行校准、清洁（2分） □ 1.7 作业完成后对工量具进行复位（1分） □ 1.8 作业过程做到三不落地（5分） 2. 职业精神 □ 2.1 作业过程安全、规范、严谨操作（5分）	20	
2	应用技能、操作技能	□ 1. 安装举升车辆快，安装位置对称，正确（2分） □ 2. 挂空挡，释放驻车制动（2分） □ 3. 举升车辆至人的适当高度（1分） □ 4. 拆卸左前轮胎（1分） □ 5. 拆卸制动钳（1分） □ 6. 拆卸制动片及膜片弹簧（2分） □ 7. 用专用工具压回制动活塞（2分） □ 8. 检查外径千分尺（检查误差及校零）（2分） □ 9. 检查游标卡尺（检查并记录误差）（2分） □ 10. 检查并安装磁性表座（2分） □ 11. 检查百分表并校零（2分） 12. 测量圆跳动 □ 12.1 清洁制动盘及安装位置（2分） □ 12.2 用游标卡尺在制动盘离边缘 10 mm 处做记号（1分） □ 12.3 清洁百分表测头及底座工作面（1分） □ 12.4 安装磁性表座后将百分表调零（2分） □ 12.5 顺时针旋转一周，读出圆跳动量并记录数据（2分） □ 12.6 取下百分表清洁并归位（1分） 13. 测量制动盘厚度 □ 13.1 清洁制动盘表面（1分） □ 13.2 在制动盘上做 15 mm 记号，取四个点（1分） □ 13.3 清洁千分尺并校零（2分） □ 13.4 测量做记号的四个点并记录数值（4分） □ 13.5 清洁并归位千分尺（1分）	55	

续表

序号	评分项	得分条件	配分	得分
2	应用技能、操作技能	14. 测量制动片 □ 14.1 取出制动片并清洁（1分） □ 14.2 取出游标卡尺并清洁（2分） □ 14.3 使用游标卡尺测量记号的六个点（3分） □ 14.4 清洁游标卡尺并归位，清洁制动片并归位（1分） □ 15. 数据处理判断（2分） □ 16. 安装膜片弹簧（2分） □ 17. 安装制动片（1分） □ 18. 安装制动钳（1分） □ 19. 拧紧制动钳螺栓，力矩20 N·m（2分） □ 20. 安装车轮（1分） □ 21. 清洁整理工具并归位（2分）	55	
3	工具及设备的使用能力	□ 1. 能正确选择测量工具（2分） □ 2. 能正确操作测量工具（3分）	5	
4	信息录入、资料应用、资料检索	□ 1. 能正确使用维修手册查询资料（2分） □ 2. 能正确使用用户手册查询资料（2分） □ 3. 能在规定时间内查询所需资料（2分） □ 4. 能正确记录所查询资料章节页码（2分） □ 5. 能正确记录所需维修信息（2分）	10	
5	数据、判读和分析能力	□ 1. 能判断制动盘磨损情况（5分） □ 2. 能判断制动片磨损情况（5分）	10	
		总分	100	

课后练习

1）了解其他车型制动总成的结构形式。

2）对制动总成的拆装及检测进行巩固练习。

项目八

车轮轮胎更换及动平衡检测

情景描述 →

一辆别克威朗汽车车主来店反映汽车轮胎被扎破，希望恢复车辆技术状况（2016 款别克威朗，行驶里程数 65 456 km）。

项目描述 →

经检测，发现汽车轮胎压力低于技术要求，使用胎压表和气泵调整后，进行轮胎压力测试，初步判断车轮胎压异常。需要完成车轮动平衡检测与调整作业。

项目目标 →

根据车轮动平衡规范进行拆卸，检查调整。

1. 知识目标

会正确认识车轮总成的作用及组成。

2. 技能目标

1）会正确识读胎压标准值、轮胎型号及生产日期。

2）能叙述车轮总成各零部件的名称、安装位置及作用。

3）能正确使用轮胎气压表、胎纹深度测量规。

4）独立完成车轮检查与拆装。

理论知识 ➡️

一、车轮总成的作用

1）支承整车的全部质量，承受汽车的负荷。在正常转向行驶时，车轮总成受到侧抗力，并传递车轮产生自动回正的力矩，使汽车保持直线行驶的方向。

2）传送牵引和制动的扭力，保证车轮和路面之间有良好的附着性，并提高汽车的动力性、制动性和通过性；与汽车悬架共同缓和汽车行驶时所受到的冲击，并衰减由此而产生的振动。

3）防止汽车零部件受到剧烈振动，避免早期损坏。既能适应车辆的高速性，又能降低行驶时的噪声，保证行驶过程中的安全性、舒适性、操纵稳定性和节能经济性。

二、车轮总成的组成

车轮总成是在轮胎和车轴之间的旋转组件，主要由轮辋、轮辐和轮毂等组成，如图 8-1 所示。

轮胎通常由外胎、内胎和垫带等组成，如图 8-2 所示。

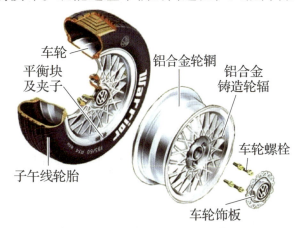

图 8-1　车轮总成的组成

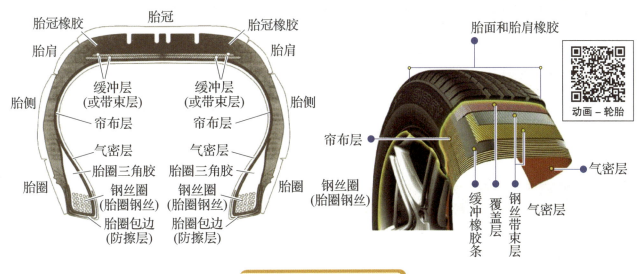

图 8-2　轮胎的组成

外胎是保护内胎不受外来损害的强度高而且有一定弹性的外壳，它直接与地面接触。根据胎体帘线排列方向的不同，分为斜交线轮胎和子午线轮胎。外胎是由胎体、缓冲层（或带束层）、胎面、胎侧和胎圈组成。

1. 胎面

胎面的概念：轮胎与路面接触的部分。

胎面的作用：通过摩擦使汽车具有驱动、制动等性能，应具有良好的耐磨、耐刺扎、抗冲击、散热等性能。

2. 胎体

胎体的概念：是轮胎中的帘布层，轮胎的主要受力部件。

胎体的作用：耐冲击并且行驶中应具有良好的耐屈挠性。

3. 带束层

带束层的概念：是胎面与胎体之间的钢丝帘布。

带束层的作用：是保护胎体，抑制胎面变形，维持胎面的接地面，提高耐磨性及行驶稳定性。

4. 冠带层

冠带层的概念：是带束层上方的特殊帘布层。

冠带层的作用：轮胎行驶中，抑制带束层移动，防止高速行驶时带束层的脱离，保持高速状态下轮胎尺寸的稳定性。

5. 胎圈

胎圈挂胶钢丝按一定的形状（四角或六角形状）缠绕而成，起到将轮胎装上轮辋固定轮胎的作用。

6. 三角胶条

轮胎中钢丝圈上面的填充材料，防止胎圈分散，减缓胎圈冲击，保护胎圈，防止成形时空气进入。

三、认识扒胎机和动平衡仪

1. 扒胎机

扒胎机结构，如图 8-3 所示。

扒胎机踏板，如图 8-4 所示。

图 8-3　扒胎机结构

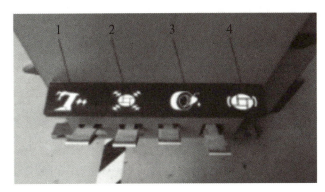

1—立柱倾倒踏板；2—卡盘踏板；3—风铲踏板；4—卡盘旋转踏板。

图 8-4　扒胎机踏板

扒胎机挤压装置，如图 8-5 所示。

扒胎机立柱，如图 8-6 所示。

1—风铲；2—风铲手柄；3—轮胎保护垫。

图 8-5　扒胎机挤压装置

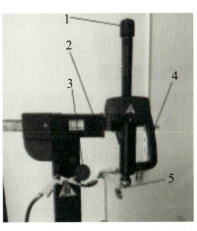

1—扒杆；2—辅助臂；3—胎压表；4—锁扣；5—鸟头。

图 8-6　扒胎机立柱

扒胎机卡盘装置，如图 8-7 所示。

2.　动平衡仪

动平衡仪装置如图 8-8 所示。

图 8-7　扒胎机卡盘装置

图 8-8　动平衡仪装置

四、知识拓展 ≫

1. 轮胎为什么要定期换位？怎样进行换位

由于汽车在行驶过程中，前后轮的载荷、受力及功能不同，因而汽车轮胎的磨损不同，为保持同一辆车的轮胎磨损均匀，延长轮胎的使用寿命，并使寿命趋于一致，轮胎应定期换位。轮胎每行驶 15 000~20 000 km，应按一定的顺序进行一次换位。

轮胎换位方法：普通斜交轮胎常采用交叉换位法；子午线轮胎宜采用单边换位法。

2. 前沿理论知识

轮胎翻新：将已经磨损或因其他原因损坏、失去使用性能的轮胎，经翻修加工，使之重新具有使用性能的工艺过程统称为轮胎翻新，是一种修旧利废的有益方法。

3. 前沿知识拓展

（1）缺气保用轮胎

缺气保用轮胎又称为安全轮胎或零压轮胎，这种轮胎在漏气（例如被钉子等尖锐物刺穿）之后，车辆仍然能以 80 km/h 的速度安全行驶 250 km，而操控性并不会受到明显影响。被异物刺穿的缺气保用轮胎不会表现出传统轮胎缺气的状态。

在确保安全的同时，缺气保用轮胎还在提升舒适性和便利性方面表现突出——颠簸路面表现出色，使驾驶人在正常行车过程中已经很难感觉到缺气保用轮胎和传统轮胎的区别；缺气保用轮胎可以与常规轮毂配合使用。同时，免去了驾驶人每次出行携带备用轮胎的不便，增大了车厢的可利用空间。

（2）智能轮胎

将传感器技术、计算机技术、无线通信技术融为一体，极大地拓展了传统轮胎的功能，使其具有更高的行驶安全性，更加智慧。一般具有轮胎充气压力监测、生命历程可追溯性记录、自动调节轮胎充气压力、轮胎温度监测、轮胎动态力学信息监测、动态改变轮胎花纹中的一项或几项功能。

视频－车轮检查与拆装

项目实施 →

步序	图示	操作步骤	
1		操作内容	准备工具、实训车辆
		技术要求	胎纹深度规、轮胎气压表、螺丝刀、套筒、扭力扳手、手套、毛巾、实训车辆
		安全隐患	安全操作以防工具掉落
2		操作内容	举升实训车辆
		技术要求	将实训车辆停在举升机中央，在 4 个举升点位置安放举升衬垫，起动举升机达 10 cm 左右位置后，确保车辆平衡，安全落锁
		安全隐患	确保衬垫安装到位，否则可能导致整车坠落，砸伤人员
3		操作内容	拆卸车轮
		技术要求	使用扭力扳手、套筒，用五角星法拆卸车轮
		安全隐患	防止螺栓变形、车轮砸伤人员
4		操作内容	车轮检查
		技术要求	检查轮胎外观，测量花纹深度，检查实训车辆 4 个轮胎有无外观异常（外胎有无鼓泡、脱层、断线、裂伤、老化等），小心用螺丝刀清除胎纹里的石子等夹杂物
		安全隐患	小心使用螺丝刀，不破坏花纹
5		操作内容	扒胎
		技术要求	使用扒胎机扒胎
		安全隐患	避免损伤轮胎胎唇以及胎压传感器

步序	图示	操作步骤	
6		操作内容	安装轮胎
		技术要求	使用扒胎机将轮胎装上轮毂，撬棒等工具辅助安装
		安全隐患	一手扶轮胎，一手持撬棒，用力均衡，避免伤到操作人员
7		操作内容	调整胎压
		技术要求	使用气泵及胎压表检测并记录4个轮胎胎压值。查询B柱胎压表中标准胎压值，进行胎压调整
		安全隐患	补充气压需注意压紧气门嘴，防止漏气
8		操作内容	安装车轮
		技术要求	使用工具，五角星法安装车轮
		安全隐患	防止车轮安装失衡砸伤操作人员
9		操作内容	动平衡实验
		技术要求	使用扒胎机扒胎
		安全隐患	避免损伤轮胎胎唇以及胎压传感器
10		技术要求	使用动平衡仪对轮胎进行3项检查：测量断面宽度、轮辋直径以及动平衡仪到轮胎的距离，调整和粘贴平衡块克重
		安全隐患	防止平衡块粘贴不牢甩飞，伤及操作人员
		安全隐患	安全操作以防工具、台架掉落

实训记录 →

车轮动平衡检测与调整记录表

姓名		准考证号	

1. 车辆基本信息

品牌		整车型号		生产年月	
发动机型号		排量		行驶里程	
车辆识别码					

2. 轮胎胎压检测

测量项目	测量数据	标准数据	判定
左前轮			
左后轮			
右前轮			
右后轮			

注：根据检查结果填写，正常值"√"，不正常填"×"，不正常请标注出维修方案。

3. 轮胎花纹深度检测

测量及结果　项目	左前轮胎花纹深度		左后轮胎花纹深度	
	位置号	深度值	位置号	深度值
测量值 /mm	位置1（左部）		位置1（左部）	
	位置2（中部）		位置2（中部）	
	位置3（右部）		位置3（右部）	
结果判断及处理				

测量及结果　项目	右前轮胎花纹深度		右后轮胎花纹深度	
	位置号	深度值	位置号	深度值
测量值 /mm	位置1（左部）		位置1（左部）	
	位置2（中部）		位置2（中部）	
	位置3（右部）		位置3（右部）	
结果判断及处理				

注：测量值保留不少于小数点后2位（根据使用工量具而定）；结果判断及处理栏内仅需根据检查结果；正常填"√"，不正常给出维修方案（维修、更换、调整）。

项目评价 →

车轮轮胎更换及动平衡检测评分细则如下。

序号	评分项	得分条件	配分	得分
1	规范作业、职业精神	**1. 规范作业** □ 1.1 检查作业所需工量具、设备、车辆是否完备（1分） □ 1.2 检查作业环境是否配备灭火器（1分） □ 1.3 查举升机设备完善情况（2分） □ 1.4 正确使用工量具（4分） □ 1.5 使用工量具前对工量具进行校准、清洁（2分） □ 1.6 作业完成后对工量具进行复位（2分） □ 1.7 作业过程做到油液、工量具、零件不落地（2分） **2. 职业精神** □ 2.1 作业过程安全防护到位（3分） □ 2.2 作业过程认真、规范（3分）	20	
2	应用技能、操作技能	**1. 车轮拆卸** □ 1.1 预松故障车轮螺栓（对角线拆装），举升车辆到合适高度（5分） □ 1.2 拆卸车辆轮胎（2分） □ 1.3 检查轮胎外观，剔除镶嵌的石子，清除平衡块（2分） □ 1.4 使用胎纹深度尺测量花纹深度（3分） **2. 扒胎与换胎** □ 2.1 轮胎放气，取下气门芯（2分） □ 2.2 在扒胎机上旋转一周，预分离、挤压轮辋与轮胎的间隙（2分） □ 2.3 在扒胎机上合理安装轮胎（3分） □ 2.4 使用撬棒分离轮辋和轮胎，上下两侧均完成扒胎（4分） □ 2.5 更换轮胎并润滑轮胎表面（2分） □ 2.6 安装轮胎，注意安装轮胎位置，避开胎压检测装置（3分） □ 2.7 使用扒胎机正确安装轮胎（2分） □ 2.8 复位设备，安装气门芯（2分） □ 2.9 将胎压调整到标准值（2分） **3. 轮胎动平衡** □ 3.1 将轮胎正确安装在动平衡仪上（选择正确止推块）（2分） □ 3.2 对轮胎进行三项数据检测并输入（4分） □ 3.3 进行轮胎动平衡检测（2分） □ 3.4 确认轮胎动平衡位置并粘贴合适的平衡块（4分） □ 3.5 完成动平衡检测复检（2分） □ 3.6 完成检测后，取下车轮（1分）	60	

续表

序号	评分项	得分条件	配分	得分
2	应用技能、操作技能	4. 安装轮胎 □ 4.1 安装轮胎到车辆上，并带上轮胎螺栓（1分） □ 4.2 用棘轮扳手拧紧轮胎螺栓（1分） □ 4.3 降下车辆至地面（1分） □ 4.4 用扭力扳手进行轮胎紧固螺栓（150 N·m），对角线拧紧（5分） □ 4.5 场地 7S 整理（3分）	60	
3	工具及设备的使用能力	□ 1. 能正确选用维修工具（2分） □ 2. 能正确对车轮总成进行测量（3分） □ 3. 能正确使用动平衡仪、扒胎机等检测设备（5分）	10	
4	数据、判读和分析能力	□ 1. 能判断车轮状况（5分） □ 2. 填写记录单（5分）	10	
总分			100	

课后练习 →

1）车轮总成有什么作用？组成有哪些？

2）完成车轮动平衡的检测和调整项目实操训练。

项目九

发动机机油的更换

情景描述 →

上汽通用别克威朗 2016 款 15S 自动进取型轿车，车辆购置时间为 2016 年 1 月，行驶里程为 10 万 km，在 9.5 万 km 时来店做过常规保养。最近行驶时，仪表总是提示"请更换机油"。车主要求 4S 店更换车辆的机油，并清除仪表的换油提示。

项目描述 →

根据车主提供的信息，目前该车的行驶里程已达到每半年或 5 000 km 更换一次机油和机油滤清器的标准，同时仪表已开启换油提示。因此，维修人员需要检查发动机的机油液位，并更换发动机机油和机油滤清器，最后对仪表的换油保养提示进行复位。

项目目标 →

1. 知识目标

1）掌握发动机润滑系统的组成。

2）掌握润滑系统各部件的作用。

2. 技能目标

1）能够对发动机机油液位进行规范检查。

2）能够规范地更换发动机机油和机油滤清器。

3）能够区分机油等级，选择适合的机油。

4）能够对仪表的换油保养提示进行复位。

理论知识 ➡️

一、发动机润滑系统的组成 ≫

发动机润滑系统由 3 大部分组成：机油供给装置、过滤装置、仪表及信号装置，如图 9-1 所示。

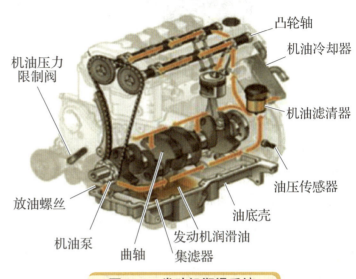

图 9-1　发动机润滑系统

动画 – 机油压力警告灯工作原理

1. 机油供给装置

由机油泵、机油、机油冷却器、油底壳、机油压力限制阀等组成。可使机油在一定的压力下，以一定的流量在循环系统中流动。

2. 过滤装置

由集滤器、粗滤器、细滤器等组成。可清除机油中的各种杂质。

3. 仪表及信号装置

包括机油压力开关、指示灯及仪表等。使驾驶员随时了解润滑系统的工作情况。

二、发动机润滑系统各部件的作用和特点 ≫

1. 机油泵

机油泵，如图 9-2 所示，是给主油道提供数量足够、压力适当的机油，保证机油在润滑系统内循环流动。机油泵按照结构可以分为齿轮泵、叶片泵、转子泵等。

2. 机油压力限制阀

机油压力限制阀与机油泵油路并联，其作用是调节、控制主油道的机油压力。为了防止发动机工作时主油道压力过高，通过机油压力限制阀调节主油道的机油压力。当发动机转速增高或机油稠度变大时，机油压力就会增高，此时机油压力限制阀自动开启，通过机油泵回油（即机油泵出油口的机油经机油压力限制阀流回机油泵进油口），能控制主油道的油压，如图 9-3 所示。

图9-2 机油泵

图9-3 机油压力限制阀

3. 机油冷却器

机油冷却器，如图9-4所示，作用是冷却润滑油，使机油温度保持在正常的工作范围内。发动机运转时，随着温度的升高，机油变稀，降低了润滑能力，增加了发动机的异常磨损。而机油冷却器的使用有效保证了润滑油的黏度。因此在大功率强化发动机上，必须安装机油冷却器。机油冷却器布置在润滑系统的循环油路中。机油冷却器分为水冷式和风冷式。

图9-4 机油冷却器

4. 机油滤清器

按过滤能力的不同，机油滤清器可分为集滤器、粗滤器、细滤器3种。

集滤器装在机油泵之前的吸油口端（油底壳内），多采用滤网式。其作用是防止较大的机械杂质进入机油泵。汽车发动机使用的集滤器目前分为浮式集滤器和固定式集滤器两种，如图9-5所示。

粗滤器，如图9-6所示，它的作用是滤去机油中粒度较大（直径为0.05 mm以上）的杂质，向主油道和摩擦表面供给清洁的润滑油。由于其通过能力较好，故一般串联于机油泵与主油道之间，属于全流式滤清器，多用缝隙式滤清方法。粗滤器有纸质滤芯粗滤器、锯末滤芯式粗滤器与金属片式粗滤器3种。

图9-5 集滤器

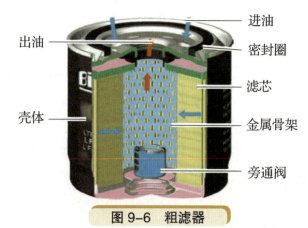

进油
出油
密封圈
滤芯
壳体
金属骨架
旁通阀

图9-6 粗滤器

细滤器用于清除细小（直径小于 0.05 mm）的杂质，它对机油的流动阻力较大，通过能力较差，多数做成分流式，与主油道并联，只有少量机油经过过滤后又回到油底壳，因此主要应用在柴油发动机上。细滤器分为过滤式和离心式两种。

5. 机油压力开关

机油压力开关，如图 9-7 所示，是发动机润滑系统中非常重要的部件，它的作用是监测发动机机油的压力情况，一旦机油压力低于正常范围，就会触发开关，发出声音和视觉警告。

6. 机油

图 9-7　机油压力开关

机油一般分为 3 种：普通矿物油、半合成机油和全合成机油。

机油在汽车正常行驶过程中发挥着非常重要的作用，具有以下 8 大作用。

1）润滑：在车辆行驶过程中，轴颈和轴瓦之间会有相对滑动，此时机油可以对零部件起到润滑作用。

2）减磨：如果有足够厚度的油膜可以将零件表面隔开，减少磨损的问题出现。

3）冷却降温：机油可以使车辆行驶过程中的热量带回到机油箱，散发至空气中，起到冷却发动机的作用。

4）清洗清洁：机油能将发动机零件上的杂质通过循环带回机油箱，再经过润滑油的流动，使零件工作面上产生的脏物得到清洗清洁。

5）密封防漏：机油能在活塞环与活塞间形成一道密封圈，防止气体的泄漏。

6）防锈防蚀：润滑油能减少有害气体和零件的接触。

7）减震：当气缸的压力上升时，机油可以起到减震作用。

8）缓冲：当活塞、活塞销上的负荷很大时，机油经过轴承传递润滑作用，对负荷能起到缓冲的作用。

视频 – 发动机机油更换

项目实施 →

步序	图示	操作步骤	
1		操作内容	安全准备工作
		技术要求	安装车轮挡块、安装尾气排放装置、检查车身状况、检查灭火器状态（压力等）
		安全隐患	车辆异常移动、尾气中毒、车辆自燃、车漆划伤

续表

步序	图示	操作步骤	
2	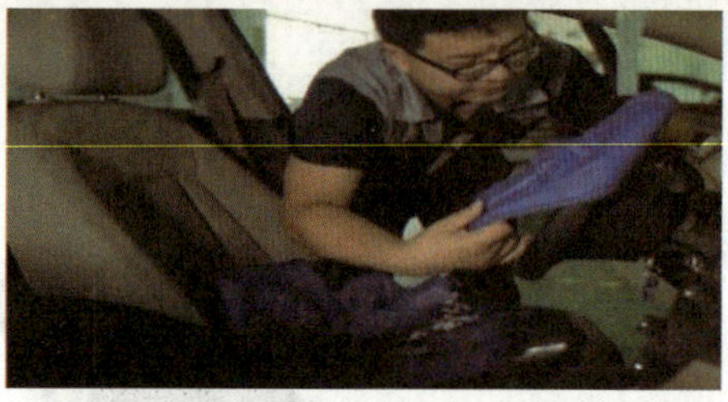	操作内容	车内准备工作
		技术要求	安装车内三件套、确认电子手刹和仪表状态、落下驾驶员侧车窗
		安全隐患	搞脏内饰、车辆异常移动
3	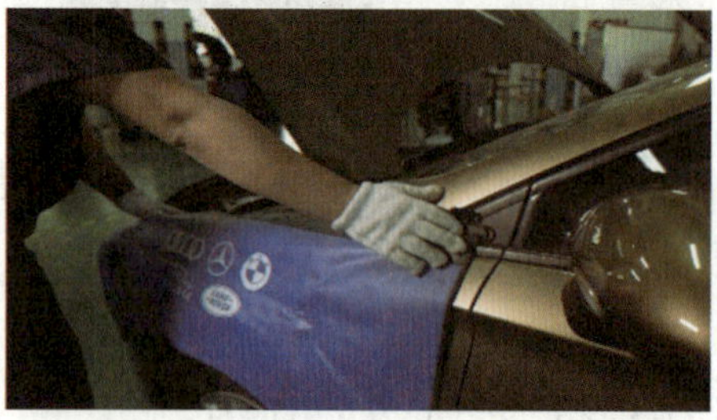	操作内容	车外准备工作
		技术要求	安装车外三件套、记录车辆信息
		安全隐患	车漆划伤
4	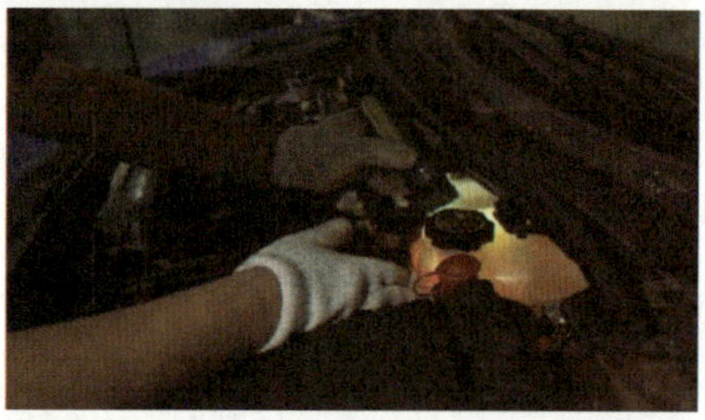	操作内容	机舱检查
		技术要求	检查发动机冷却液液位、检查制动液液位、检查发动机机油液位、测量 12 V 蓄电池电压
		安全隐患	车辆损坏
5		操作内容	放油前机油液位检查
		技术要求	1）起动发动机，使发动机怠速运行。2）关闭发动机。3）检查机油液位，并记录
		安全隐患	防止车辆移动
6	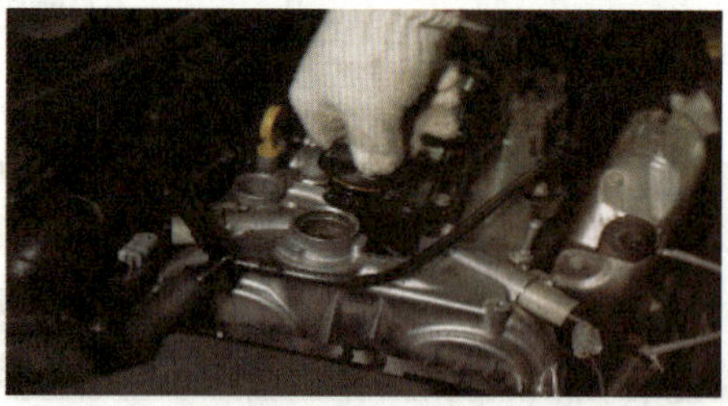	操作内容	拧松加油口盖，并取下
		技术要求	1）拧松加油口盖，并取下。2）加注口用吸油纸覆盖
		安全隐患	异物掉入加油口
7	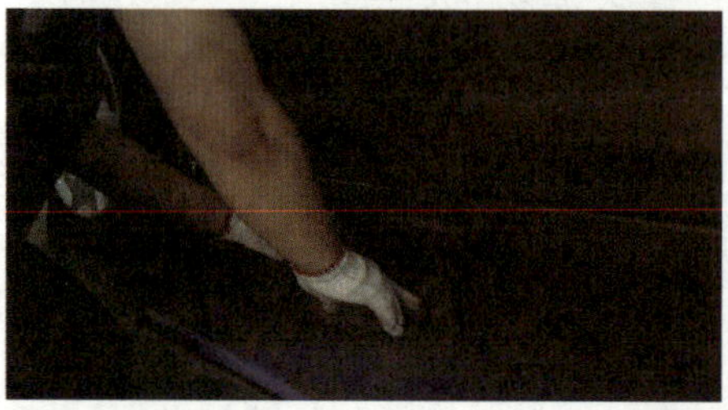	操作内容	安放举升垫块
		技术要求	将橡胶块（举升托盘）置于车辆可举升部位下方
		安全隐患	导致车辆的损坏、注意车辆举升安全

步序	图示	操作步骤	
8		操作内容	第一次举升车辆，第二次举升车辆
		技术要求	1）第一次举升时，避免举升平台与车辆直接接触。 2）检查橡胶块与车辆举升部位的相对应位置。 3）第二次举升时，使车轮离地 15 cm
		安全隐患	导致车辆的损坏、注意车辆举升安全
9		操作内容	检查车辆平稳性
		技术要求	前后按压检查车辆的平稳性
		安全隐患	防止车辆掉落，保护人身安全
10		操作内容	第三次举升车辆
		技术要求	1）将车辆举升置合适高度，观察周围环境。 2）按锁止键锁止举升平台。 3）检查举升平台锁止是否可靠
		安全隐患	防止车辆掉落，保护人身安全
11		操作内容	放油前检查车辆是否漏油
		技术要求	检查发动机油底壳、放油螺栓、机油滤清器是否泄漏
		安全隐患	防止烫伤
12		操作内容	排放发动机机油
		技术要求	1）预松放油螺栓。 2）拧松放油螺栓。 3）取出放油螺栓，排放发动机机油。 4）拧入新的放油螺栓。 5）根据相关车型的维修手册，以规定力矩拧紧放油螺栓
		安全隐患	放油螺栓滑牙，发动机漏油

步序	图示	操作步骤	
13		操作内容	更换机油滤清器
		技术要求	1）拧松机油滤清器。 2）取下机油滤清器，排放剩余机油。 3）更换新的机油滤清器。 4）拧入机油滤清器。 5）根据相关车型的维修手册，以规定力矩拧紧机油滤清器
		安全隐患	机油滤清器滑牙，发动机漏油
14		操作内容	下降车辆
		技术要求	1）按解锁键对举升平台进行解锁。 2）检查举升平台锁止是否可靠。 3）按下降键将车辆下降至车轮触地。 4）车轮触地后安装车轮挡块
		安全隐患	防止车辆掉落，保护人身安全
15		操作内容	加注新的发动机机油
		技术要求	1）在加油口放一张吸油纸。 2）根据维修手册规定，确定机油型号和加注。 3）加注新的发动机机油。 4）安装机油加注口盖
		安全隐患	防止漏油导致车辆其他部件损坏（如传动带和发电机）
16	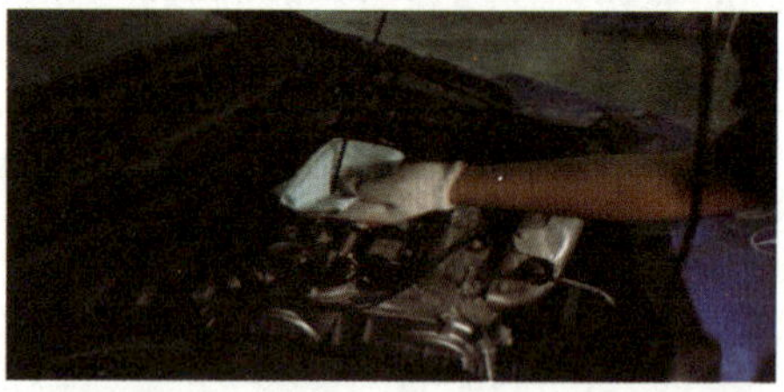	操作内容	发动机最终液位确认
		技术要求	1）起动发动机，使发动机怠速运行。 2）关闭发动机。 3）检查发动机机油最终液面
		安全隐患	加注量过少导致发动机异常磨损；加注量过多，导致发动机烧机油
17	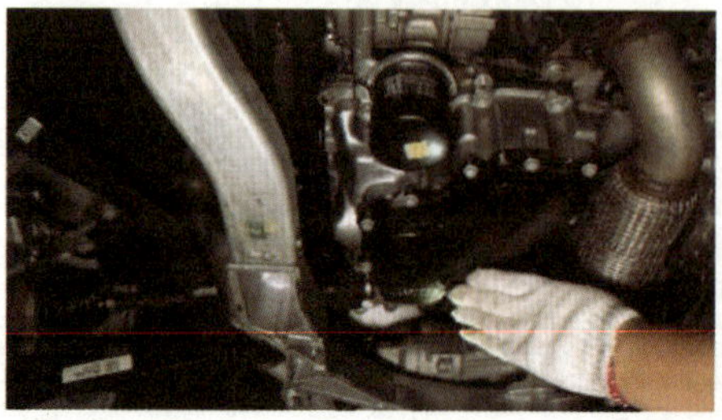	操作内容	加注后泄漏检查
		技术要求	1）检查橡胶块与车辆举升部位的接触情况。 2）举升车辆至合适高度，并锁止举升平台。 3）检查发动机放油螺栓、机油滤清器是否泄漏。 4）操作举升机，将车辆下降至车轮触地。 5）安装车轮挡块
		安全隐患	防止车辆掉落，保护人身安全

步序	图示	操作步骤	
18		操作内容	机油保养提示复位
		技术要求	操作多功能方向盘对仪表的机油保养提示进行复位
		安全隐患	防止车辆移动
19		操作内容	清洁整理工具、车辆、场地
		技术要求	将举升平台降至最低位置，取出举升橡胶块，取出车内三件套，取下车外三件套，升起驾驶员侧车窗，取出车辆挡块和尾气排放装置，所有工具设备复位清洁，清洁车辆，清理场地
		安全隐患	无

实训记录

发动机机油更换维护记录如下。

姓名		准考证号			
车辆信息（7分）					
品牌		整车型号		生产年月	
发动机型号		排量		行驶里程	
车辆识别码					
数据记录（16分）					
放油前机油液位		□过低　□偏低　□正常范围　□过高			
放油螺栓拧紧力矩	理论力矩：				
	实际力矩：				
机油滤清器拧紧力矩	理论力矩：				
	实际力矩：				
机油加注量	理论加注量：				
	实际加注量：				
机油保养提示复位		□已复位　□未复位			

项目评价 →

发动机机油的更换评分细则如下。

序号	评分项	评分标准	配分	得分
1	规范作业、职业精神	1. 规范作业 □ 1.1 检查作业所需工量具设备是否完备（2分） □ 1.2 检查作业环境是否配备灭火器（1分） □ 1.3 使用工具前对工量具进行清洁、校准（2分） □ 1.4 作业完成后对工量具进行复位（2分） □ 1.5 作业过程做到三不落地（3分） 2. 职业精神 □ 2.1 作业过程安全、规范、严谨操作（5分）	15	
2	应用技能、操作技能	1. 作业准备 □ 1.1 正确安装车轮挡块、尾气排放装置（2分） □ 1.2 检查确认电子手刹和仪表状态（2分） □ 1.3 全面检查车身状况（2分） □ 1.4 正确检查数字式万用表的电阻量程（校零）（2分） 2. 发动机起动前检查 □ 2.1 正确检查制动液、冷却液、机油液位（3分） □ 2.2 正确检查 12 V 蓄电池电压，并记录（2分） 3. 放油前机油液位检查 □ 3.1 起动发动机，使发动机怠速运行（2分） □ 3.3 正确检查发动机机油液位并记录（2分） 4. 排放发动机机油 □ 4.1 拧松机油加注口盖并取下（1分） 4.2 正确举升车辆 □ 4.2.1 将橡胶块置于车辆可举升部位下方（1分） □ 4.2.2 第一次举升，检查橡胶块与车辆举升部位的相对应位置（禁止直接接触）（1分） □ 4.2.3 第二次举升，车轮离地 15cm 左右，检查车辆平稳性（1分） □ 4.2.4 检查举升平台锁止是否可靠（2分） □ 4.3 使用手电检查发动机油底壳、放油螺栓、机油滤清器是否泄漏（2分） □ 4.4 拧松发动机放油螺栓，排放发动机机油（2分） 4.5 安装放油螺栓 □ 4.5.1 更换新的放油螺栓或密封垫片（2分） □ 4.5.2 按照维修手册规定力矩拧紧放油螺栓（2分）	65	

续表

序号	评分项	评分标准	配分	得分
2	应用技能、操作技能	5. 更换机油滤清器 □ 5.1 使用专用工具拆卸机油滤清器（2分） □ 5.2 更换新的机油滤清器，并在密封圈上抹油（2分） □ 5.3 按照维修手册规定使用专用工具以规定力矩拧紧机油滤清器（3分） 6. 加注发动机机油 □ 6.1 操作举升机，将车辆下降至车轮触地（1分） □ 6.2 根据维修手册规定，确认机油型号和加注量（3分） □ 6.3 加注新的发动机机油（2分） □ 6.4 安装机油加注口盖（1分） □ 6.5 起动发动机，使发动机怠速运行（2分） □ 6.6 正确检查发动机机油最终液面（2分） 7. 加注后检查 □ 7.1 正确举升车辆 □ 7.1.1 检查橡胶块与车辆举升部位接触情况（2分） □ 7.1.2 举升车辆至合适高度，并锁止举升平台（2分） □ 7.1.3 检查举升平台锁止是否可靠（2分） □ 7.2 使用手电检查发动机放油螺栓、机油滤清器是否泄漏（3分） □ 7.3 操作举升机，将车辆下降至车轮触地（2分） 8. 清洁整理工具、车辆、场地（5分）	65	
3	信息录入、资料应用、资讯检索	□ 1. 能正确使用维修手册查询资料（2分） □ 2. 能正确使用用户手册查询资料（2分） □ 3. 能在规定时间内查询所需资料（2分） □ 4. 能正确记录所查询资料章节页码（2分） □ 5. 能正确记录所需维修信息（2分）	10	
4	工具及设备使用	□ 1. 能规范使用预置式扭力扳手（5分） □ 2. 能规范操作举升机（3分） □ 3. 能规范使用机油滤清器拆装工具（2分）	10	
总计			100	

课后练习

1）发动机润滑系统的组成有哪些？

2）机油的作用是什么？

项目十

汽车空调制冷循环系统维护

　　上汽通用别克威朗 2016 款 15S 自动进取型轿车，车辆购置时间为 2016 年 1 月，行驶里程为 10 万 km。该车因空调不制冷在其他修理厂更换了空调压缩机。更换后，空调的制冷效果明显下降。车主要求 4S 店仔细检查，恢复空调的制冷性能。

项目描述 →

　　根据车主提供的信息，对车辆空调的制冷性能进行了检测。检测结果与车主描述相符。经过检查发现是由于制冷剂添加过多导致的。为了严格遵守相关法律规定，保护环境，需要使用制冷剂加注机重新更换制冷剂，确保空调制冷性能恢复正常。

项目目标 →

1. 知识目标

1）能区分汽车空调制冷系统的两大类型。

2）掌握汽车空调制冷系统的部件组成。

3）能叙述汽车空调制冷系统各部件的作用。

2. 技能目标

1）能规范使用制冷剂加注机检查汽车空调制冷系统的工作压力。

2）能规范使用制冷剂加注机更换制冷剂。

3）使用制冷剂加注机，通过"制冷剂回收""冷冻油排油""系统抽真空和保压""冷冻油加注""制冷剂加注"等步骤更换制冷剂。

理论知识 →

一、汽车空调制冷循环系统的组成

汽车空调制冷循环系统主要由空调压缩机、冷凝器、节流装置（膨胀阀或节流管）、储液干燥器或集液器、高低压管路等组成。

按照节流装置的类型，汽车空调制冷循环系统又可分为膨胀阀式制冷循环系统和节流管式制冷循环系统。

1. 膨胀阀式制冷循环系统

膨胀阀式制冷循环系统示意图如图 10-1 所示。膨胀阀安装在蒸发器的出入口处，储液干燥器安装在冷凝器出口和膨胀阀入口之间的高压管路上，或集成在冷凝器总成内。

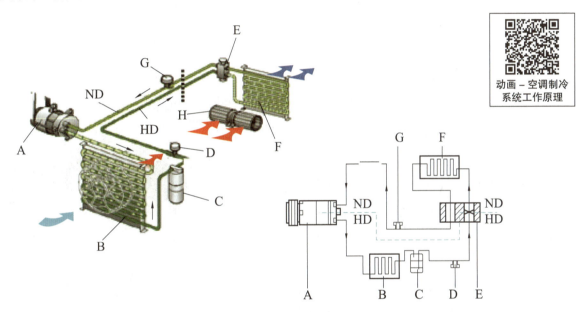

动画 – 空调制冷
系统工作原理

A—空调压缩机；B—冷凝器；C—储液干燥器；D—低压维修接口；E—膨胀阀；
F—蒸发器；G—高压维修接口；H—鼓风机；HD—高压侧；ND—低压侧。

图 10-1　膨胀阀式制冷循环系统示意图

2. 节流管式制冷循环系统

节流管式制冷循环系统示意图如图 10-2 所示。节流管安装在冷凝器出口到蒸发器入口之间的高压管路上，为了更好地收集未蒸发的液态制冷剂，防止压缩机液击的情况产生，储液干燥器被集液器替代，并被安装在蒸发器出口到压缩机入口之间的低压管路上。

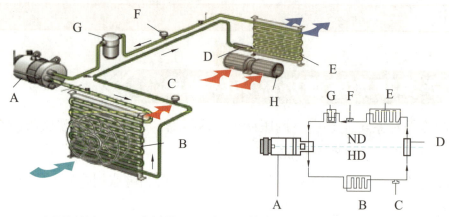

A—空调压缩机；B—冷凝器；C—高压维修接口；D—节流管；E—蒸发器；
F—低压维修接口；G—集液器；H—鼓风机；HD—高压侧；ND—低压侧。

图 10-2　节流管式制冷循环系统示意图

二、汽车空调制冷循环系统各部件的功用和特点

1. 空调压缩机

空调压缩机（见图 10-3）是汽车空调制冷循环系统的"心脏"，具有两个重要的功能：1）吸气时相当于一个真空泵，使系统内部产生低压，吸入低温、低压的气态制冷剂。2）压缩气态制冷剂，维持制冷剂在高低压管路中循环流动。

集成过载保护的皮带轮　　往复运动活塞
橡胶成型元件　　调节阀N280
压盘　　斜盘　　接口

图 10-3　空调压缩机

2. 冷凝器与蒸发器

冷凝器，如图 10-4 所示，是制冷循环系统向周围环境集中放热的重要设备，是制冷循环系统 4 大部件之一。冷凝器是一种热交换器，其主要作用是将高温高压的气态制冷剂迅速凝结为液体，并对外界放热。

蒸发器，如图 10-5 所示，是另一个热交换器，是汽车空调制冷循环系统的组成部分之一，其主要作用是将制冷剂由液态变为气态，是蒸发吸收热量的场所。

图 10-4　冷凝器

图 10-5　蒸发器

3. 储液干燥器与集液器

储液干燥器，如图10-6所示，通常用于膨胀阀式制冷循环系统中，串联在冷凝器与膨胀阀之间的高压管路上或集成在冷凝器总成内，使从冷凝器中出来的高压制冷剂液体经过过滤、干燥后流向膨胀阀。在制冷系统中，它起到储液、干燥和过滤液态制冷剂的作用。

集液器，如图10-7所示，用于节流管式制冷循环系统中，主要功能是防止液态制冷剂进入压缩机，也用于储存过多的液态制冷剂，因此集液器安装在制冷循环系统的低压侧。

图 10-6　储液干燥器

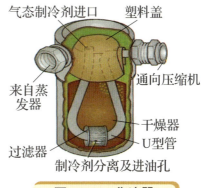

气态制冷剂进口　　塑料盖
来自蒸发器
通向压缩机
干燥器
U型管
过滤器
制冷剂分离及进油孔

图 10-7　集液器

4. 膨胀阀与节流管

膨胀阀安装在蒸发器出入口，如图10-8所示，主要的作用有：

1）节流作用：高温高压的液态制冷剂经过膨胀阀的节流孔节流后，变成低温低压的雾态制冷剂，为制冷剂的蒸发创造条件。

2）控制制冷剂的流量：膨胀阀控制制冷剂的流量，确保蒸发器的出口完全为气态制冷剂；若流量过大，出口含有液态制冷剂，可能进入压缩机产生液击；若流量过小，提前蒸发完毕，造成制冷不足。

节流管直接串联在蒸发器入口，如图10-9所示，主要的作用为节流。由于其不能调节制冷剂的流量，液体制冷剂很可能流出蒸发器而进入压缩机，造成压缩机液击现象，因此，在膨胀阀式制冷循环系统中，在蒸发器出口和压缩机进气口之间的管路中，安装一个集液器（气液分离器）实现气、液分离，避免压缩机液击现象的发生。

图 10-8　膨胀阀

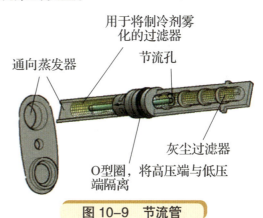

用于将制冷剂雾化的过滤器
节流孔
通向蒸发器
灰尘过滤器
O型圈，将高压端与低压端隔离

图 10-9　节流管

5. 制冷剂

制冷剂是用于制冷循环系统中的介质，通过在制冷循环系统中循环流动，吸收和释放热量，从而实现制冷的作用。

（1）制冷剂的类型

制冷剂常见的类型有 R12、R134A、R11、R404A、R502 等。其中汽车上运用最广泛的制冷剂为 R12 和 R134A。（注：R12 又称为氟利昂，由于其主要成分会破坏臭氧层，所以 R12 被禁止使用。）

（2）制冷剂 R134A 的特点

1）沸点：$-26.5℃$；冰点：$-101.6℃$。

2）临界温度：$100.6℃$；临界压力 40.56 bar（$1 \text{ bar}=10^5 \text{ Pa}$）（绝对压力）。

3）无色、无味、无毒。（常温下）

4）不易燃易爆，但在高温下或遇明火将分解出有毒的刺激性气体。

5）具有一定的吸湿性。

6）R134A 不会破坏大气臭氧层，其臭氧消耗潜能值为零。

7）它的温室效应指数为 1 400。R134A 最终将会被更环保的制冷剂取代。

6. 冷冻油

（1）冷冻油的作用

1）在压缩机运转中起润滑作用，以减少压缩机运行摩擦和磨损程度。

2）冷冻油使压缩机内活塞与气缸面之间、各转动的轴承之间达到密封的作用。

3）冷冻油在压缩机各运动部件间润滑时，可带走工作过程中所产生的热量，使各运动部件保持较低的温度。

（2）冷冻油的特征

1）可溶于制冷剂 R134A。

2）良好的润滑性能。

3）不含酸，但吸湿性强。

4）不溶于其他机油。

5）储存于汽车空调制冷循环系统的各部件中，如图 10-10 所示。

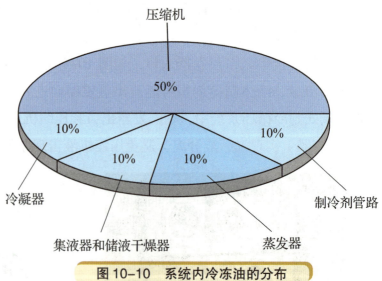

图 10-10　系统内冷冻油的分布

项目实施 →

视频 – 空调制冷
系统保养和维护

步序	图示	操作步骤	
1		操作内容	安全准备工作
		技术要求	安装车轮挡块、安装尾气排放装置、检查车身状况、检查灭火器状态（压力等）
		安全隐患	车辆异常移动、尾气中毒、车辆自燃、车漆划伤
2		操作内容	车内准备工作
		技术要求	安装车内三件套，确认电子手刹和仪表状态，落下驾驶员侧车窗
		安全隐患	搞脏内饰、车辆异常移动
3		操作内容	车外准备工作
		技术要求	安装车外三件套、记录车辆信息
		安全隐患	车漆划伤
4		操作内容	机舱检查
		技术要求	检查发动机冷却液液位、检查制动液液位、检查发动机机油液位、测量 12 V 蓄电池电压
		安全隐患	车辆损坏
5		操作内容	车辆维修接口与快速接口连接
		技术要求	1）检查加注机上阀门是否关闭。 2）取下维修接口防尘帽，将加注机高低压快速接口与车辆维修接口连接。 3）使用检漏仪检测快速接口与车辆维修接口连接处是否泄漏
		安全隐患	需佩戴防护手套，防止冻伤

步序	图示	操作步骤	
6		操作内容	读取回收前制冷系统工作压力
		技术要求	1）起动发动机，设置空调状态。[鼓风机置于最高挡、外循环、温度最冷、按下 A/C 按钮（打开压缩机）。] 2）记录加注机高低压表压力值。 3）关闭发动机
		安全隐患	防止车辆移动，确保车辆状态
7		操作内容	回收制冷剂
		技术要求	1）加注机开机，检查加注机内制冷剂量并记录。 2）按下"回收"键，开始回收制冷剂。 3）将加注机上阀门置于开启位置。 4）当低压达到 –10 mmHg（1 mmHg=133.322 4 Pa）时按下"取消"键结束回收制冷剂。 5）排油后按"取消"键，回到初始界面。记录加注机内的制冷剂量，计算回收的实际制冷剂量。（回收的实际制冷剂量 = 回收后制冷剂量 – 回收前制冷剂量）
		安全隐患	高低压接头防止松动断开连接
8		操作内容	排出冷冻油
		技术要求	1）记录旧油壶内冷冻油液位。 2）记录新油壶内冷冻油液位。 3）根据提示按下"确认"键，排出冷冻油。记录旧油壶内的冷冻油量，计算排出的实际冷冻油量。（排出的实际冷冻油量 = 排油后的废油壶量 – 排油前的废油壶量）
		安全隐患	规范操作，注意冷冻油泄漏

续表

步序	图示	操作步骤	
9	 	操作内容	抽真空和保压作业
		技术要求	1）按下"抽真空"键，设置抽真空时间，并记录抽真空时间。 2）按下"确认"键，系统开始抽真空。 3）抽真空完成后，关闭加注机上高低压阀门。记录抽真空结果。 4）根据提示按下"确认"键，开始保压，并记录保压时间和保压结果
		安全隐患	高低压接头防止松动断开连接
10	 	操作内容	加注冷冻油
		技术要求	1）关闭低压加注机快速接口，打开加注机上高压阀门。 2）根据实际排油量计算需要的注油量（实际排油量 +20 mL） 3）根据提示按下"确认"键，进行注油。（通过观察储液油壶的液面变化确认已加注的油量。当达到要求油量时，按"确认"键停止注油。按下"取消"键，结束注油。） 4）观察新油壶量并记录，计算实际的注油量。 （实际注油量＝加注前新油壶量－加注后新油壶量）
		安全隐患	规范操作，注意冷冻油泄漏
11	 	操作内容	加注制冷剂
		技术要求	1）查阅相关车辆维修手册，确定制冷剂加注量。 2）按下"加注"键，进入加注界面，根据维修手册要求，设置制冷剂加注量。 3）按下"确认"键，开始加注制冷剂
		安全隐患	高低压接头防止松动断开连接

步序	图示	操作步骤	
12	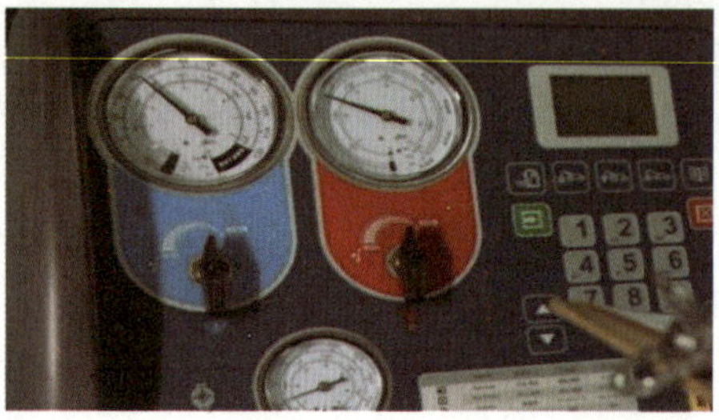	操作内容	读取加注后制冷系统工作压力
		技术要求	1）关闭加注机上高低压阀门，打开低压快速接口开关。 2）起动发动机，设置空调状态。[鼓风机置于最高挡、外循环、温度最冷、按下 A/C 按钮（打开压缩机）。] 3）记录加注机高低压表压力值
		安全隐患	防止车辆移动，确保车辆状态
13		操作内容	清理管路
		技术要求	1）按下 A/C 按钮（关闭压缩机），关闭鼓风机，关闭发动机。 2）关闭高低压快速接口开关。 3）打开加注机上高低压阀门。 4）根据提示，按下"确认"键，开始清理管路。 5）清理完成后，按"取消"键返回加注机初始界面。 6）关闭加注机上高低压阀门。 7）记录加注机制冷剂量，计算实际加注的制冷剂量。（实际加注量=加注前罐内制冷剂量–加注后罐内制冷剂量）
		安全隐患	高低压接头防止松动断开连接
14		操作内容	接口检漏
		技术要求	1）断开加注机高低压快速接口。 2）使用检漏仪对车辆维修接口检漏，安装防尘帽
		安全隐患	防止冻伤
15		操作内容	清洁整理工具、车辆、场地
		技术要求	将举升平台降至最低位置，取出举升橡胶块，取出车内三件套，取下车外三件套，升起驾驶员侧车窗，取出车辆挡块和尾气排放装置，所有工具设备复位清洁，清洁车辆，清理场地
		安全隐患	车辆异常移动、升降平台异常、车漆划伤

实训记录

汽车空调制冷循环系统维护记录如下。

姓名			准考证号	
品牌		整车型号	生产年月	
发动机型号		排量	行驶里程	
车辆识别码				

数据记录（21分）

序号	内容	数据		
1	回收前系统工作压力	高压：		低压：
2	回收制冷剂	1）回收前加注机制冷剂量		
		2）回收后加注机制冷剂量		
		3）实际回收的制冷剂量		
3	排出冷冻油	1）排油前废冷冻油壶油量		
		2）排油后废冷冻油壶油量		
		3）实际排出的冷冻油油量		
4	抽真空	1）抽真空时间		
		2）抽真空结果		
5	保压	1）保压时间		
		2）保压结果		
6	加注冷冻油	1）注油壶油量		
		2）设定注油量		
		3）实际注油量		
7	加注制冷剂	1）维修手册制冷剂加注量		
		2）加注量设定		
		3）加注后加注机制冷剂量		
		4）实际加注的制冷剂量		
8	加注后系统工作压力	高压：		低压：

项目评价 →

汽车空调制冷循环系统维护评分细则如下。

序号	评分项	评分标准	配分	得分
1	规范作业、职业精神	1. 规范作业 □ 1.1 检查作业所需工量具设备是否完备（1分） □ 1.2 检查作业环境是否配备灭火器（1分） □ 1.3 检查举升机举升情况是否正常（1分） □ 1.4 正确安装车辆内外防护（2分） □ 1.5 正确安装车轮挡块（2分） □ 1.6 使用工具前对工量具进行清洁、校准（2分） □ 1.7 作业完成后对工量具进行复位（1分） □ 1.8 作业过程做到三不落地（2分） 2. 职业精神 □ 2.1 作业过程安全、规范、严谨操作（3分）	15	
2	应用技能、操作技能	1. 作业准备 □ 1.1 正确安装车轮挡块、尾气排放装置（2分） □ 1.2 检查确认电子手刹和仪表状态（2分） □ 1.3 全面检查车身状况（2分） □ 1.4 正确检查数字式万用表的电阻量程（校零）（2分） 2. 发动机起动前检查 □ 2.1 正确检查制动液、冷却液、机油液位（3分） □ 2.2 正确检查 12 V 蓄电池电压，并记录（1分） 3. 回收前系统压力检测 □ 3.1 检查加注机上高低压阀门是否关闭（2分） □ 3.2 正确将加注机高低压快速接口与车辆维修接口连接（2分） □ 3.3 打开加注机高低压快速接口开关（2分） □ 3.4 正确使用检漏仪检查高低压快速接口与车辆维修接口连接处是否泄漏（2分） □ 3.5 在发动机怠速状态下读取并记录制冷系统工作压力（2分） □ 3.6 正确设置空调状态（鼓风机设置最高挡、温度设置最冷、外循环通风状态、A/C 开关开启）（2分） 4. 回收制冷剂 □ 4.1 正确读取并记录制冷剂回收前加注机内的制冷剂量（2分） □ 4.2 打开加注机上高低压阀门回收制冷剂（2分） □ 4.3 正确读取并记录制冷剂回收后加注机内的制冷剂量（2分） □ 4.4 正确计算并记录实际回收的制冷剂量（2分） 5. 排放冷冻油 □ 5.1 正确读取并记录排油前加注机上新、旧油壶内新油液位（2分） □ 5.2 根据提示正确操作排放冷冻油（2分） □ 5.3 正确读取并记录排油后加注机上旧油壶内旧油液位（1分） □ 5.4 正确计算并记录实际排放的冷冻油量（2分） 6. 抽真空 □ 6.1 正确设置抽真空时间（3min）并记录，按下"抽真空"按键（2分） □ 6.2 正确读取并记录管路的相对真空状态（1分）	69	

续表

序号	评分项	评分标准	配分	得分
2	应用技能、操作技能	7. 保压 □ 7.1 关闭加注机上高低压阀门（1分） □ 7.2 正确按照提示操作加注机进行保压（1分） □ 7.3 正确读取并记录制冷剂管路的保压结果（1分） 8. 加注冷冻油 □ 8.1 正确按照提示操作加注机加注冷冻油（1分） □ 8.2 注油前关闭加注机机上低压阀门及低压快速接口开关（2分） □ 8.3 根据实际排油量加注冷冻油（1分） □ 8.4 正确读取并记录注油后加注机上新油壶内新油液位（2分） 9. 加注制冷剂 □ 9.1 根据维修手册要求设置制冷剂加注量加注制冷剂（2分） □ 9.2 正确读取并记录制冷剂加注后加注机内的制冷剂量（1分） □ 9.3 正确读取并记录实际制冷剂加注量（1分） 10. 加注后制冷系统压力检测 □ 10.1 关闭加注机上高低压阀门，打开低压快速接口开关（2分） □ 10.2 正确设置空调状态（鼓风机设置最高挡、温度设置最冷、外循环通风状态、A/C 开关开启）（3分） 11. 管路清理 □ 11.1 关闭加注机高低压快速接口开关（1分） □ 11.2 打开加注机上高低压阀门（1分） □ 11.3 正确按照提示操作加注机进行管路清理（1分） □ 11.4 正确断开加注机高低压快速接口与车辆维修接口的连接（1分） □ 11.5 正确使用检漏仪检测车辆维修接口是否泄漏（2分） □ 11.6 将防尘帽安装到车辆维修接口上（1分） □ 11.7 关闭加注机上高低压阀门（1分） 12. 清洁整理工具、车辆、场地（1分）	69	
3	信息录入、资料应用、资讯检索	□ 1. 能正确使用维修手册查询资料（2分） □ 2. 能正确使用用户手册查询资料（2分） □ 3. 能在规定时间内查询所需资料（2分） □ 4. 能正确记录所查询资料章节页码（2分） □ 5. 能正确记录所需维修信息（2分）	10	
4	工具及设备使用	□ 1. 能规范使用制冷剂加注机（3分） □ 2. 能规范使用制冷剂检漏仪（3分）	6	
		总计	100	

课后练习 →

1）请写出汽车空调制冷循环系统的组成。

2）请写出制冷剂的特点。

项目十一

汽车起动充电性能检查与保养

情景描述 →

一辆雪佛兰科鲁兹汽车车主反映在发动车辆时车辆无法启动，仪表盘一闪一闪的，在之前起动车辆就感觉不那么顺畅有力，车辆车主要求4S店上门救援检查一下，恢复车辆技术状况。（雪佛兰科鲁兹2014三厢自动进取型轿车，车辆行驶里程65 456 km）

项目描述 →

根据车主提供的信息，以及现场搭电起动后，基本可以判断问题出在车辆的电源系统上，通过现场检查，发动时起动机运转无力，以及现场搭电起动后，车辆正常起动，询问车主，并未更换过蓄电池，结合公里数以及时间很有可能是汽车电源系统的问题。但是也不排除车身电器漏电、充电系统等有问题，具体问题需要进一步检查。

项目目标 →

1. 学习目标

叙述起动充电系统各零件的名称、安装位置及作用。

2. 技能目标

1）能够正确使用仪器给蓄电池充电。

2）能够正确检查蓄电池性能问题。

3）能够正确检查充电系统是否正常。

4）能够在操作过程中认识职业素养要求，体现严谨、负责、遵规、守法的职业精神。

动画 – 起动系统功用

理论知识 →

一、发动机是如何起动的 》》

首先是发动机起动系统：是由蓄电池提供电能，在点火开关和起动继电器的控制下，起动机将电能转化为机械能，带动发动机飞轮齿圈和曲轴转动，从而使发动机进入自行运转状态。其次起动发动机需要一定的转速，是否能够保持发动机起动所需要的速度非常重要。

二、蓄电池分类与特点 》》

1. 普通铅酸蓄电池

蓄电池存储电力供需要时使用。蓄电池是由两种具有导电差异的物质和电解质组成的装置。通过一系列电化学反应，蓄电池可以存储和释放电能。典型的铅酸蓄电池中，每个单元格大约有 2 V 的电压，总共有 6 个单元格也即 12 V 电压。当打开点火开关时，蓄电池正负端柱之间会立刻形成电路，从而产生电流。而铅酸蓄电池具有独特的充放电过程，其电能能够被反复地存储和释放，这就是众所周知的电池循环能力。普通铅酸蓄电池如图 11-1 所示。

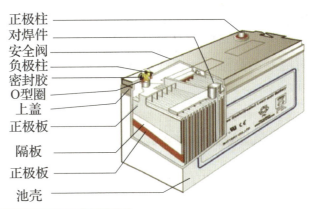

正极柱
对焊件
安全阀
负极柱
密封胶
O型圈
上盖
正极板
隔板
正极板
池壳

图 11-1　普通铅酸蓄电池

2. AGM 蓄电池

（1）结构功能特点

AGM（免维护贫液式）蓄电池是一种采用玻璃纤维隔板的阀控式密封蓄电池。AGM 蓄电池配备高压纤维分离器，永久吸附电解质，对活性物质永久且均匀施加高压。有着强大的充放电循环能力。

（2）作用特点

由于起停系统频繁重新起动发动机，蓄电池支持频繁的大电流放电；蓄电池要具备很强的充电接收能力，可以满足起停功能需求。有些车不带起停系统，但车上配置用电器较多，比如车载冰箱、咖啡机、后排影视等需要供电，应使用 AGM 蓄电池，不适合使用普通蓄电池。蓄电池上标有 AGM 或者 VRLA（阀控式密封铅酸电池）字样即为带起停系统汽车用蓄电池。由于原车配套厂家不同和蓄电池生产商对 AGM 蓄电池的标注有所不同，有的原车蓄电池上标注 AGM 字样，有的标注 VRLA 字样。AGM 蓄电池不能和普通的铅酸蓄电池混用。

3. EFB 蓄电池

EFB 蓄电池如图 11-2 所示。

图 11-2　EFB 蓄电池

（1）结构功能特点

EFB（增强型注水式蓄电池）也是汽车起停系统用蓄电池，适用于部分荷电状态下运行的应用，且这些应用不要求像 AGM 电池一样具备强大的深循环特性。其特殊的聚酯纤维隔板，能在极板上吸附更多的活性物质，在活性物质上产生均匀的低压，以减少其流失，增加使用寿命。

（2）作用特点

织物隔板是电池板与分离器之间的另一种聚合物成分。织物隔板将活性材料在电池板内部固定就位，并且避免了物质的腐蚀，增强了深度循环耐受性，提高了充电接收能力。

（3）安装布局

EFB 为富液蓄电池，耐高温性较好，可以安装在发动机机舱内。而 AGM 为贫液蓄电池，使用时应避免高温，所以一般安装在后备箱中。

三、蓄电池维护

1. 蓄电池充电

长时间存放的车辆，如果蓄电池亏电，一般先要进行充电。

必须在通风良好的地方进行蓄电池充电，保持蓄电池水平。

引线连接至蓄电池前，将充电机和定时器旋至"OFF"，避免产生危险的火花。注意，请勿给明显损坏或冻结的蓄电池充电。

蓄电池充电器（见图 11-3）连接至蓄电池时：红色正极（+）连接至蓄电池正极一端（+），黑色负极（-）连接至蓄电池负极一端（-）。

图 11-3　蓄电池充电器

如果蓄电池仍安装在汽车中，请将负极连接至发动机缸体作为接地线。

充电时确保关闭点火和所有用电器。

设定计时器，打开充电器，并慢慢提高充电速率直至达到所需的电流。

如果蓄电池发热，或产生强烈的气体，或喷出电解质，则要降低充电速率或暂时关闭充电器。移除引线之前请务必保证将充电器旋至"OFF"，避免产生危险的火花。

2. 正确使用蓄电池

汽车每次正常起动一般不超过 3~5 s，如果 5 s 还没有起动，应立即停止起动，等待 10 s 再次起动。

发动机没有运转时，尽量不要使用车上的电器（音响、照明等）。

离开车前，先关闭车上电器，最后关闭发动机。

蓄电池环境温度。蓄电池存储时年均温度应为 15℃左右；短期存储时，温度应在 25℃内，否则将影响蓄电池寿命。

3. 判断蓄电池故障

车辆起动较困难，需要不止一次打火，感觉起动电量不足。发动机没有运转时，可以按几次喇叭，如果声音明显无力，说明蓄电池已经亏电；发动机没有运转时，开启大灯 5 min，如果大灯明显由亮转暗，说明已经亏电。一般情况下，蓄电池的使用寿命为 2~3 年的情况居多，这可以作为一个蓄电池更换的参考周期。

四、充电系统作用、机理和组成

1. 作用

充电系统产生电量并向各个电气组件供应所需的电量，在车辆发动机运转时向蓄电池充电。

2. 机理

由发动机传动皮带驱动发电机工作。当发动机起动后，传动皮带将带着交流发电机的带轮转动，它产生的交流电通过二极管整流转变为直流电输送到充电系统。电压调节器自动调节发电机的磁场电流来控制电压输出，使其保持在合适的充电范围内。

3. 组成

充电系统主要包括蓄电池、发电机、仪表和相关线路等。发电机主要由电压调节器、整流器、定子、转子组成，均安装在发电机内部。

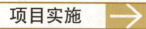 项目实施 →

视频－汽车启动充
电性能检查与保养

步序	图示	操作步骤	
1		操作内容	车辆防护
		技术要求	安装车轮挡块、尾气排放装置，车辆内外三件套
		安全隐患	防止车辆移动，防止油漆漆面损伤
2		操作内容	记录信息
		技术要求	记录车辆基本信息
		安全隐患	无
3		操作内容	检查液位
		技术要求	检查冷却液、制动液、机油液位
		安全隐患	烫伤、防止异物掉入机油尺位置
4		操作内容	起动车辆
		技术要求	踩住制动踏板，转动车钥匙，起动后松开钥匙
		安全隐患	车辆冲出操作位置
5		操作内容	检查故障现象
		技术要求	观察仪表盘情况，观察发动机起动及运转情况并记录
		安全隐患	车辆冲出操作位置
6		操作内容	检查现象并记录
		技术要求	记录故障现象，分析故障原因
		安全隐患	无

步序	图示	操作步骤	
7		操作内容	检查蓄电池安装情况
		技术要求	检查正负极接线柱是否安装牢固
		安全隐患	无
8		操作内容	核对蓄电池信息
		技术要求	检查额定电压、额定容量、冷起动电流值、电池类型
		安全隐患	无
9	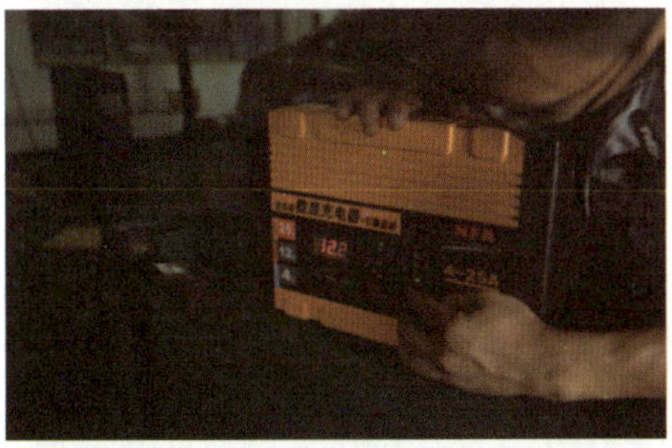	操作内容	蓄电池充电
		技术要求	拆卸蓄电池的接线端，先拆负极再拆正极，用绝缘胶布粘住。取出蓄电池，连接充电机正负极，调整充电电流为自动挡，给蓄电池充满电
		安全隐患	安全操作以防工具零件掉落
10	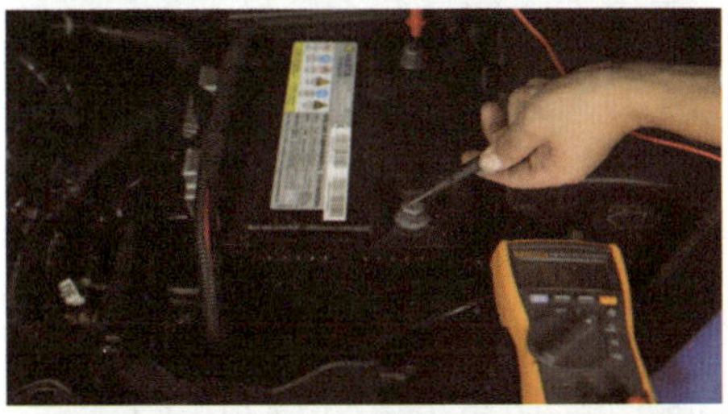	操作内容	蓄电池静态电压
		技术要求	使用万用表检查静态电压（是否大于12.5 V）
		安全隐患	安全操作以防工具零件掉落
11	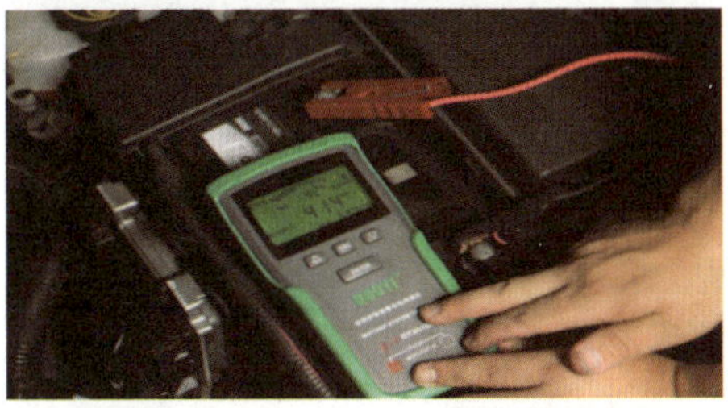	操作内容	蓄电池容量、冷起动电流
		技术要求	使用蓄电池检测仪检查蓄电池容量、冷起动电流
		安全隐患	安全操作以防工具零件掉落
12		操作内容	蓄电池起动负载电压
		技术要求	安装蓄电池，使用万用表检查负载电压，起动发动机，测量起动负载电压（是否大于11 V）
		安全隐患	安全操作以防工具零件掉落

步序	图示	操作步骤	
13	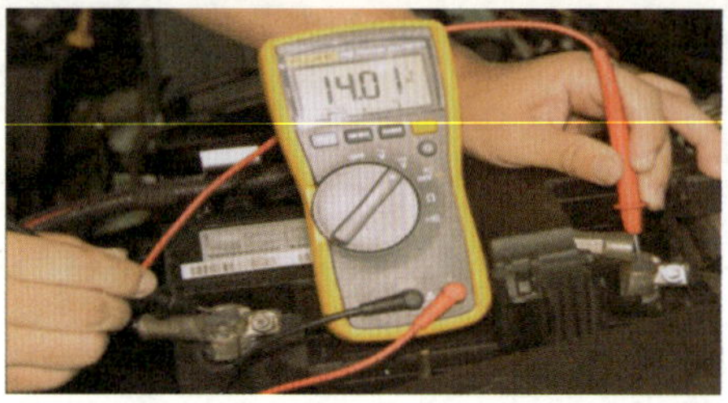	操作内容	怠速时充电电压
		技术要求	使用万用表检查怠速时蓄电池充电电压并记录（13.5 V~15 V）
		安全隐患	安全操作以防工具零件掉落
14		操作内容	高转速时充电电压
		技术要求	使用万用表检查高转速时蓄电池充电电压并记录（13.5 V~15 V）
		安全隐患	安全操作以防工具零件掉落
15	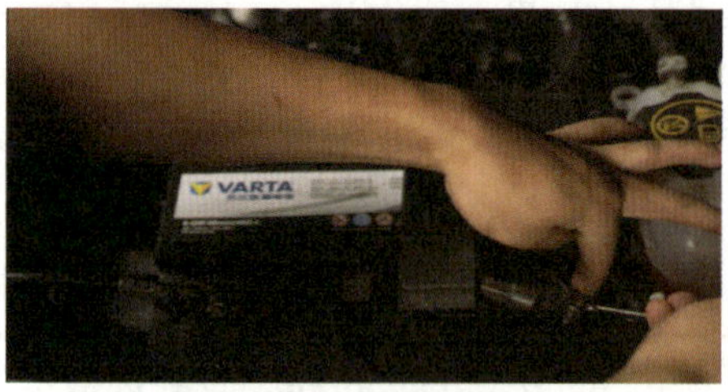	操作内容	更换蓄电池
		技术要求	拆卸蓄电池的负极接线端，先拆负极再拆正极，更换蓄电池
		安全隐患	安全操作以防工具零件掉落
16		操作内容	复查
		技术要求	起动发动机检查发动机状况，观察仪表盘情况
		安全隐患	防止车辆冲出操作位置
17	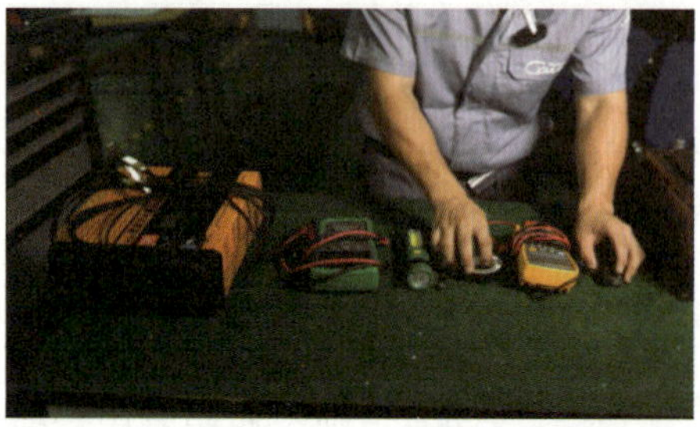	操作内容	清洁整理
		技术要求	清洁整理工具设备 取出车轮挡块、尾气排放装置，车辆内外三件套
		安全隐患	安全操作以防工具零件掉落

实训记录 →

汽车起动充电性能检查与保养记录如下。

姓名				准考证号	
品牌		整车型号		生产年月	
发动机型号		排量		行驶里程	
车辆识别码					
故障现象车主描述					
故障诊断					
故障现象、故障特征					

序号	检查内容	诊断检查情况	维修措施（正常打√）
1	核对蓄电池信息与原厂是否相符	额定电压：	
		额定容量：	
		冷起动电流值：	
		电池类型：	
2	蓄电池使用充电机进行充电，并检查充电情况	充电情况：	
3	检查蓄电池（使用蓄电池检测仪、万用表）	蓄电池静态电压：	
		蓄电池容量：	
		冷起动电流：	
		蓄电池负载电压：	
4	充电系统检查	怠速时充电电压：	
		高转速时充电电压：	

项目评价 →

汽车起动充电性能检查与保养评分细则如下。

序号	评分项	得分条件	配分	得分
1	规范作业、职业精神	1. 规范作业 □ 1.1 检查作业所需工量具设备是否完备（1分） □ 1.2 检查作业环境是否配备灭火器（1分） □ 1.3 正确安装车辆内外防护套装（2分） □ 1.4 正确安装车轮挡块（1分） □ 1.5 使用工具前对工量具进行清洁、校准（2分） □ 1.6 作业完成后对工量具进行复位（2分） □ 1.7 作业过程做到三不落地（2分） □ 1.8 检查举升机情况是否正常（1分） 2. 职业精神 □ 2.1 作业过程安全、规范、严谨操作（3分）	15	

续表

序号	评分项	得分条件	配分	得分
2	专业技能、操作能力	1. 检查记录故障现象 □ 1.1 正确起动车辆检查故障现象（4分） □ 1.2 正确检查仪表盘现象并记录（4分） □ 1.3 正确检查发动机运转情况并记录（4分） 2. 核对蓄电池信息与原厂是否相符 □ 2.1 正确检查并记录额定电压（3分） □ 2.2 正确检查并记录额定容量（3分） □ 2.3 正确检查并记录冷起动电流值（3分） □ 2.4 正确检查并记录电池类型（3分） 3. 使用充电机给蓄电池充电 □ 3.1 正确连接充电机给蓄电池充电（5分） 4. 正确检查蓄电池 □ 4.1 正确检查蓄电池静态电压（4分） □ 4.2 正确检查蓄电池负载电压（4分） □ 4.3 正确测量蓄电池容量（4分） □ 4.4 正确检测冷起动电流（4分） 5. 充电系统检查 □ 5.1 正确检查怠速时充电电压（5分） □ 5.2 正确检查高转速时充电电压（5分）	55	
3	工具及设备的使用能力	□ 1. 能正确选用维修工具（3分） □ 2. 能正确使用万用表（3分） □ 3. 能正确使用蓄电池检测仪（4分）	10	
4	资料、信息查询能力	□ 1. 能正确使用维修手册查询资料（2分） □ 2. 能正确使用用户手册查询资料（2分） □ 3. 能在规定时间内查询所需资料（2分） □ 4. 能正确记录所查询资料章节页码（2分） □ 5. 能正确记录所需维修信息（2分）	10	
5	数据、判读和分析能力	□ 1. 能判断充电系统是否正常（3分） □ 2. 能判断蓄电池是否正常（3分） □ 3. 能判断车辆静态放电量是否正常（4分）	10	
		总分	100	

课后练习 →

1）汽车电源系统的组成有哪些？

2）对汽车电源系统的检测进行巩固练习。

项目十二

发动机电气故障诊断基本流程

情景描述 →

　　一辆雪佛兰科鲁兹车主反映在行驶时发现车辆怠速时抖动严重，加速无力，希望恢复车辆技术状况。（雪佛兰科鲁兹2014款三厢自动进取型轿车，车辆行驶里程65 456 km）

项目描述 →

　　根据车主提供的信息，基本可以判断问题出在车辆的发动机系统，初步检查可能是发动机缺缸造成的，需要进一步检查。

项目目标 →

1. 学习目标

能够正确叙述基本故障诊断流程。

2. 技能目标

1）能够正确使用故障诊断仪。

2）能够正确使用万用表。

3）能够正确使用维修工具。

4）能够在操作过程中认识职业素养要求，体现严谨、负责、遵规、守法的职业精神。

理论知识 →

一、汽车故障诊断流程

故障诊断流程如图 12-1 所示。

1. 了解汽车诊断的基本信息

收集基本信息，了解客户的问题，登记车型、车辆识别代码、发动机型号等。

什么时间发生：哪个时间点、发生时的天气状况及出现的频率。

在哪里发生：道路状况及交通状况。

如何发生：是否操作系统时发生，之前有无维修史。

2. 车辆状况检查

基本检查：检查功能是否正常实现，必要时进行故障环境模拟来确认症状。比如路试、爬坡、急加速等，故障原因很可能通过基本检查就能发现，基本检查就是对用户指出的症状进行确认前对车辆进行的一种检查。在检查过程中，要检查车况、作记录，然后在不改变车况的前提下进行路试。

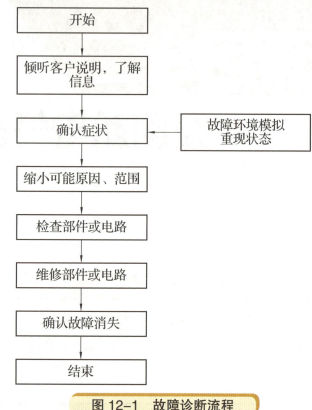

图 12-1 故障诊断流程

使用故障诊断仪诊断故障，使用 ECU 数据以缩小故障范围；分析故障发生时的 ECU 数据，执行故障诊断仪检测，进行功能操作，比如路试，然后分析故障出现时的 ECU 数据，可以查找到一些依靠故障代码不能发现的异常情况，例如传感器性能问题或执行器的故障，缩小故障范围。

检测部件或电路：根据故障及诊断数据对怀疑内容使用万用表等工具进行检测。

维修部件或者电路：对检测不正常的部件／电路进行维修或更换。

万用表和故障诊断仪如图 12-2 所示。

图 12-2 万用表和故障诊断仪

二、电气故障诊断方法

1. 电气端子检查

如果接头进水，可能使内部电路短路，也可能导致间歇性的故障问题产生。

1）橡胶密封物检查。大部分防水接头在公接头和母接头之间都有橡胶密封圈。如果橡胶密封圈遗失，会失去防水性。橡胶密封圈在拆开接头时可能会脱落，所以每次重新连接接头时，需确定橡胶密封圈是否正确装在公接头或母接头上。

2）电线密封圈检查。电线密封圈必须装在防水接头的电线插接部位，需确定电线密封圈正确安装。

3）端子固定检查。拉扯接头端的电线以检查端子是否可被拉开。可被拉开的端子可能会在电路中产生断断续续的信号。

电气端子检查如图 12-3 所示。

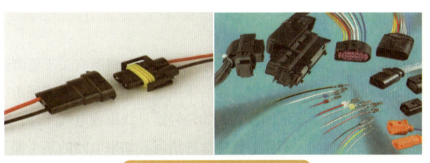

图 12-3　电气端子检查

2. 电路检查方法

（1）检查电压

将电压表负极探针连接在一个已知且接地良好的接地点。将电压表的正极探针连接到选定的测试点上。根据实际情况改变点火开关的状态以及功能开关状态。

（2）检查电阻

拆下要检修电路的保险丝，或拆开蓄电池负极接线柱导线。分别将欧姆表的两支探针连接到要进行测试的电路导线或元件的两端。测量前需先了解所检修的电路导线或元件的电阻规范值是多少，才能正确判断电路导线或元件的好坏。

（3）检查电压降

1）将电压表的两支探针分别连接到要检修的电路元件两端。

2）正极探针连接到靠近蓄电池正电源电路的一端。

3）负极探针连接到要检修的电路元件的另一端。

4）电压表会显示这个电路元件的电压降。

电压降测试经常被用来寻找元件或电路内是否有过高的电阻。电路中的电压降是由于电路在作用时，内部电阻所造成的。例如使用欧姆表测量电阻时，若导线内只剩单股线芯连接，此时电阻值为0，这时可能会判断此电路良好。但是当电路作用时，单股线芯并不能够承载过多的电流，因此单股线芯会对电流产生极高的电阻。此时测量电路元件的电压降时，只会得到很轻微的电压降数据，由此即可判断连接电路元件的导线好坏。

不正常的电压降可能由下列情况导致：①电路导线的直径过细（例如单股线芯）；②开关接点锈蚀；③电线连接松动。

（4）检查电流

拆开同一电路导线上的元件或接头。将电流表的两支探针分别连接到同一电路导线上，即刚才拆开的元件或接头的两端。

测量前需先关闭点火开关，必要时需改变点火开关的状态。

注意检查电流时不可拆下负载，否则会造成保险丝的烧毁、检测仪器的损坏、线路的损坏。

3 电路检查

在开始电路检查之前，需要基本的电路检修知识，即取得所有关于要测试系统的相关信息。同时，应对系统的操作有彻底的了解。然后采用适当的设备，并依照正确的测试程序来进行电路检查，必要时可以模拟车辆的振动，如轻轻摇晃线束或电气元件，来达到仿真振动时的效果。电路故障主要有短路、断路、虚接3种情况。如果电路的某个部分没有导通，即表示有断路的情形。电路短路是指在电路中的某个部分被意外地直接连接，导致电流不流经预期的负载或用电器，电路短路包括电源短路和用电器短路。虚接是指电路中存在接触不良的情况，造成电路工作不正常。

（1）断路检查

在开始诊断与测试系统之前，应粗略地绘制要进行检修的系统简图，这有助合乎逻辑地进行诊断步骤。绘制草图也可以强化对系统作用的认识。

1）电阻检查法。电阻检查法可以用来找出电路中有无断路。使用欧姆表测量电路导线的电阻值，测量前需先将欧姆表设定在最高电阻值范围，如测量出的电阻值为无穷大，即代表电路导线内部发生断路现象。

①断开蓄电池负极接线柱导线。

②断开被检查电路导线两端的接头。

③将欧姆表的两支探针分别连接同一条电路导线的两端。

④使用欧姆表测量同一条电路导线的电阻值。

⑤查看电阻值是否为无穷大。

⑥如测量出的电阻值为无穷大，则代表电路导线内部发生断路。

2）电压检查法。电压检查法可在任何通电的电路中，找出电路中有无断路。使用电压表测量电路导线的电压值，测量前需先寻找到一个已知且接地良好的接地点。

①将电压表负极探针连接在一个已知且接地良好的接地点。

②使用电压表正极探针分别测量同一条电路导线两端的电压值。

③在未开启电气负载时，查看同一条电路导线两端是否都测量到电压值。

④如测量出同一条电路导线一端有电压，另一端无电压，则代表电路导线内部发生断路。

（2）短路检查

在开始诊断与测试系统之前，应粗略地绘制要进行检修的系统简图，这有助合乎逻辑地进行诊断步骤。绘制草图也可以强化对系统作用的认识。

1）电阻检查法。电阻检查法可以用来找出电路中有无与接地短路。使用欧姆表测量电路导线与接地之间的导通性，如测量出的电阻值为无穷大，即代表电路导线与接地未发生短路现象。测量前需先查找到一个已知且接地良好的接地点。

①拆开蓄电池负极接线柱导线。

②拆开受检查电路导线两端的接头。

③将欧姆表的一支探针连接在一个已知且接地良好的接地点。

④将欧姆表的另一支探针连接在电路导线的其中一端。

⑤查看电阻值是否为无穷大。

⑥如测量出的电阻值为无穷大，则代表电路导线与接地未发生短路。

2）电压检查法。电压检查法可在发生保险丝烧断的状况下，找出电路中有无与接地发生短路。测量前需先了解此保险丝正电源的属性（点火开关 OFF、ACC、ON 或 START）。

①拆下已烧断的保险丝，并关闭电气负载。

②将电压表正极探针连接在保险丝的正电源端。

③使用电压表负极探针测量保险丝的另一端。

④查看电压表是否有测量到电压值。

⑤如测量出电压值，则代表电路导线与接地发生短路。

（3）接地检查

接地连接对于电气与电子控制电路的正常作用十分重要。接地的连接经常会暴露在湿气、灰尘与其他腐蚀性成分中。腐蚀（锈蚀）可能会变成不必要的电阻，这个不必要的电阻可能会改变电路元件的作用。电子控制电路对于接地的正确性非常敏感，不良或锈蚀的接地很容易对电路造成影响，即使接地的连接部位看起来很干净，表面也可能有一层薄锈蚀。

检查接地的连接时，请遵循下列规则。

1）拆下接地螺栓或螺钉。

2）检查配合面是否有灰尘或锈蚀等。

3）进行必要的清理以确保良好的接触。

4）重新安装螺栓或螺钉。

5）检查可能干扰接地电路的"加装"配件。

6）如果几条电线同时连接在同一个环形接地端子上，则检查是否连接正确。确定所有配合面都干净、紧密地连接，并形成良好的接地路径。如果多条电线连接在同一个环形接地端子中，需确定没有绝缘线过长的接地线。

视频 - 发动机电气故障诊断基本流程

项目实施 →

步序	图示	操作步骤	
1		操作内容	车辆防护
		技术要求	安装车轮挡块、尾气排放装置，车辆内外三件套
		安全隐患	防止车辆移动、油漆漆面损伤
2		操作内容	记录信息
		技术要求	记录车辆基本信息
		安全隐患	无
3		操作内容	检查液位
		技术要求	检查冷却液、制动液、机油液位
		安全隐患	烫伤、异物掉入机油尺位置
4		操作内容	打开点火开关 检查仪表
		技术要求	仪表盘正常点亮自检、故障灯点亮后熄灭并记录
		安全隐患	无

步序	图示	操作步骤	
5		操作内容	起动发动机检查现象并记录
		技术要求	观看发动机运转情况。 观察发动机转速表情况并记录。 熄火
		安全隐患	车辆冲出操作位置
6	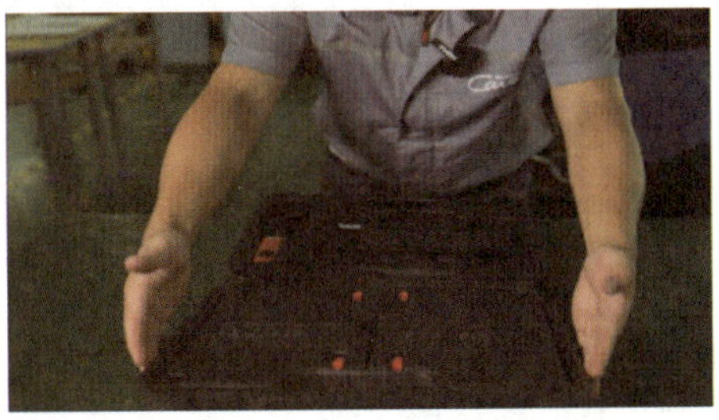	操作内容	连接故障诊断仪
		技术要求	关闭点火开关。 准备故障诊断仪。 连接故障诊断仪
		安全隐患	安全操作以防工具设备掉落
7	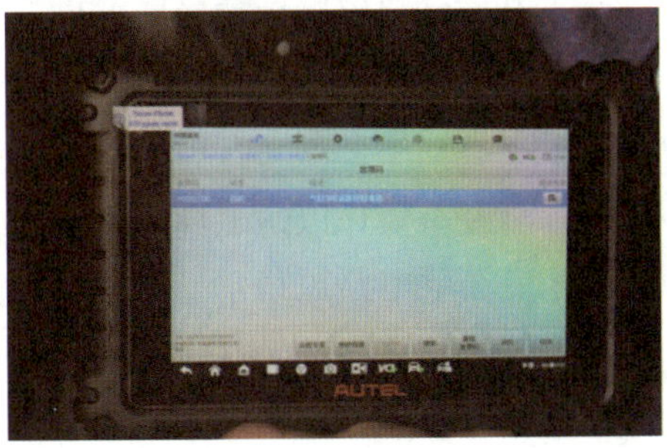	操作内容	起动发动机。 读取故障代码并记录
		技术要求	打开点火开关，根据车辆信息读取故障代码。 清除故障代码。 起动发动机。 读取故障代码并记录
		安全隐患	车辆冲出操作位置
8	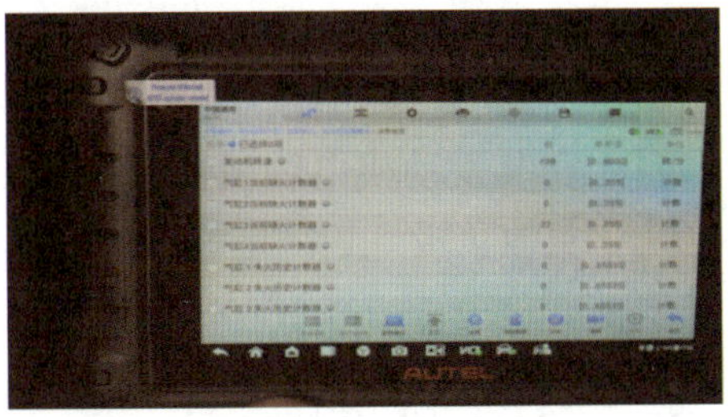	操作内容	读取数据流并记录
		技术要求	读取数据流。 找到不点火数据并记录
		安全隐患	安全操作以防工具设备掉落
9		操作内容	可能原因分析
		技术要求	根据故障现象、故障代码及相关数据流等诊断线索进行可能原因分析并填写
		安全隐患	无

步序	图示	操作步骤	
10		操作内容	检查插接器连接情况
		技术要求	检查喷油器插接器连接情况正常，无水渍（使用电筒）
		安全隐患	安全操作以防工具掉落。车辆电路短路
11	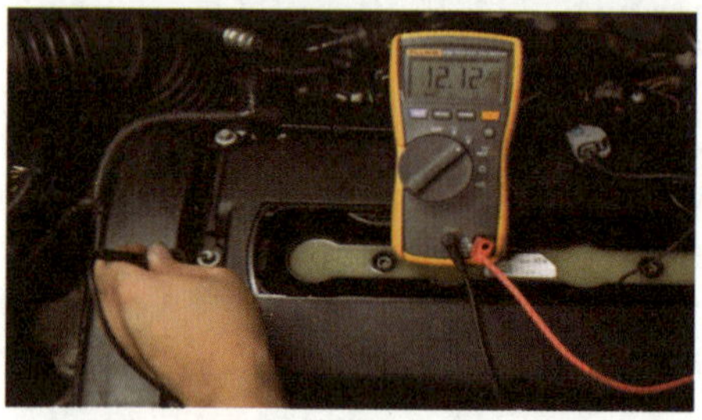	操作内容	检查供电线情况
		技术要求	查阅维修手册，拔下插接器，打开点火开关，使用万用表检查喷油器电磁阀供电，记录电压
		安全隐患	安全操作以防工具掉落。车辆电路短路
12		操作内容	检查信号线
		技术要求	关闭点火开关，断开蓄电池负极，断开发动机电脑板插接器 X2。检测信号线通断情况，若电阻为无穷大，则断路
		安全隐患	安全操作以防工具掉落。车辆电路短路
13	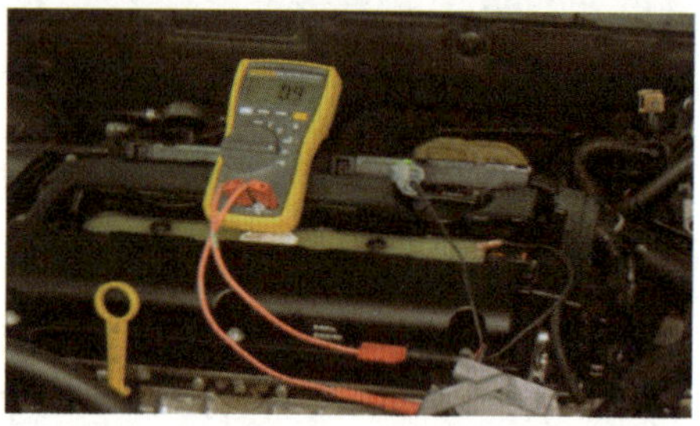	操作内容	维修点火线圈喷油器电磁阀控制线路，复测
		技术要求	维修点火线圈喷油器电磁阀控制线路；再次检测信号线电阻是否小于 2Ω；复位部件，安装喷油器插接器；安装发动机电脑板插接器 X2；安装蓄电池负极
		安全隐患	安全操作以防工具掉落。车辆电路短路
14		操作内容	复查现象
		技术要求	打开点火开关清除故障代码。起动发动机，检查发动机运转状况，怠速时是否正常加速有力。观察仪表发动机故障指示灯熄灭
		安全隐患	车辆冲出操作位置

步序	图示	操作步骤	
15		操作内容	复查故障代码
		技术要求	再次读取故障代码。无故障代码
		安全隐患	安全操作以防工具设备掉落
16		操作内容	复查数据流
		技术要求	无不点火数据。退出程序，熄火，取下诊断仪插接器
		安全隐患	安全操作以防工具设备掉落
17		操作内容	清洁整理
		技术要求	清洁整理工具设备。取出车轮挡块、尾气排放装置，车辆内外三件套
		安全隐患	安全操作以防工具设备掉落

实训记录 →

发动机电气故障诊断基本流程记录如下。

姓名			准考证号	
品牌		整车型号	生产年月	
发动机型号		排量	行驶里程	
车辆识别码				
故障现象车主描述				
故障诊断				
故障现象、故障特征				
故障代码				
故障代码含义				
可能原因分析				

续表

序号	检查内容	诊断检查情况	维修措施（正常打√）
1	检查插接器连接情况		
2	检查点火线圈控制电路		
3	检查喷油器电磁阀控制电路		
最终处理意见			
复查代码			
复查现象			

项目评价 →

发动机电气故障诊断基本流程评分细则如下。

序号	评分项	得分条件	配分	得分
1	规范作业、职业精神	1. 规范作业 □ 1.1 检查作业所需工量具设备是否完备（2分） □ 1.2 检查作业环境是否配备灭火器（2分） □ 1.3 检查举升机是否正常（2分） □ 1.4 正确安装车辆内外防护（2分） □ 1.5 正确安装车轮挡块（2分） □ 1.6 使用工具前对工量具进行清洁、校准（2分） □ 1.7 作业完成后对工量具进行复位（2分） □ 1.8 作业过程做到三不落地（2分） 2. 职业精神 □ 2.1 作业过程安全、规范、严谨操作（4分）	20	

续表

序号	评分项	得分条件	配分	得分
2	专业技能操作能力	1. 检查记录故障现象 □ 1.1 正确起动车辆检查故障现象（3分） □ 1.2 正确检查仪表盘现象并记录（3分） □ 1.3 正确检查发动机运转情况并记录（3分） 2. 检查故障代码 □ 3.1 正确使用故障诊断仪检测故障代码（4分） □ 3.2 正确记录故障代码（4分） □ 3.3 正确分析填写故障可能原因（5分） 3. 检查点火系统控制电路 □ 2.1 正确检查点火线圈插接器是否松动进水等（3分） □ 2.2 正确拆装点火线圈插接器（3分） □ 2.3 正确测量供电是否正常并记录（4分） □ 2.4 正确测量信号线是否正常并记录（4分） 4. 检查喷油器电磁阀控制电路 □ 4.1 正确拆装喷油器电磁阀插接器是否松动进水等（3分） □ 4.2 正确拆装喷油器电磁阀插接器（3分） □ 4.3 正确测量供电是否正常并记录（4分） □ 4.4 正确测量信号线是否正常并记录（4分）	50	
3	工具及设备的使用能力	□ 1. 能正确选用维修工具（3分） □ 2. 能正确使用万用表（3分） □ 3. 能正确使用解码器（4分）	10	
4	资料、信息查询能力	□ 1. 能正确使用维修手册查询资料（2分） □ 2. 能正确使用用户手册查询资料（2分） □ 3. 能在规定时间内查询所需资料（2分） □ 4. 能正确记录所查询资料章节页码（2分） □ 5. 能正确记录所需维修信息（2分）	10	
5	数据、判读和分析能力	□ 1. 能判断点火线圈控制线路是否正常（3分） □ 2. 能判断喷油器电磁阀控制线路是否正常（3分） □ 3. 能正确分析可能原因（4分）	10	
总分			100	

课后练习 →

1）汽车故障诊断基本流程是什么？

2）对汽车电路故障检测进行巩固练习。

项目十三

汽车灯光系统检查与维修

情景描述 →

一辆通用别克威朗汽车车主反映在行驶过程中发现仪表有灯光系统的异常提示，车主要求对灯光进行检查，恢复车辆技术状况。（2016款三厢自动进取型轿车，车辆行驶里程 65 456 km）

项目描述 →

根据车主提供的信息及要求，对车辆灯光系统进行全面的检查，对检查出的故障进行维修。

项目目标 →

1. 学习目标

叙述灯光系统各零件的名称、安装位置及作用。

2. 技能目标

1）能够正确进行灯光系统检查。

2）能够正确检测问题，维修故障。

3）能够在操作过程中认识职业素养要求，体现严谨、负责、遵规、守法的职业精神。

一、汽车灯光照明系统概述 》》

　　汽车灯光照明系统是汽车安全行驶的必备系统之一。它主要包括：外部照明灯具、内部照明灯具、外部信号灯具、内部信号灯具等。

　　汽车灯具按照功能功用划分，主要有两个种类：汽车照明灯和汽车信号灯。

　　汽车照明灯按照其安装的位置及功用包括前照灯、雾灯、牌照灯、仪表灯、顶灯、工作灯。

1. 汽车外部照明灯

　　前照灯灯光光色为白色，灯泡功率远光灯为 45~60 W，近光灯为 25~55 W。要求前照灯应能保证提供车前 100 m 以上路面明亮、均匀的照明，并且不应对迎面来车的驾驶员造成炫目。随着车速的不断提高，汽车上的前照灯的照明距离可达 200~300 m。

　　前照灯：前照灯又叫前大灯（见图 13-1），装于汽车头部两侧，用于夜间行车道路的照明。有两灯制和四灯制之分。每辆车安装 2 只或 4 只，装于外侧的一对应为近、远光双光束灯，装于内侧的一对应为远光单光束灯。

动画 – 前照灯分解

大灯使用了远近光一体的氙气光源，内置的 LED 日行灯看上去凌厉干练。

图 13-1　前大灯

　　雾灯：雾灯安装于汽车的前部和后部，如图 13-2 所示，用于在雨雾天气行车时照明道路和为迎面来车及后面来车提供信号。前雾灯安装在前照灯附近，一般比前照灯的位置稍低，因为雾天能见度低，驾驶员视线受到限制。红色和黄色是穿透力最强的颜色，前雾灯光色为黄色，这是因为黄色光光波较长，具有良好的透雾性能，灯泡功率一般为 35 W。后雾灯采用单只时，应安装在车辆纵向平面的左侧，与制动灯间的距离应大于 100 mm，后雾灯灯光光色为红色，以警示尾随车辆保持安全距离，灯泡功率一般为 21 W。

　　倒车灯：倒车灯装于汽车尾部，如图 13-2 所示，用于倒车时汽车后方道路照明和警告其他车辆和行人，表示该车正在倒车，兼有灯光信号装置的功能。倒车灯灯光光色为白色，功率一般为 28 W。

图 13-2 雾灯和倒车灯

牌照灯：牌照灯用于照亮车辆牌照，要求夜间在车后 20 m 处能看清牌照号码。牌照灯装在汽车尾部牌照的上方或左右两侧，灯光光色为白色，灯泡功率为 8~10 W。它没有单独的开关控制，受示宽灯或前照灯开关控制。按规定牌照灯必须与小灯同一个开关控制。

2 汽车信号灯

汽车信号灯包括转向灯、危险报警灯、制动灯、示廓灯、尾灯、倒车灯。转向灯、示廓灯、制动灯如图 13-3 所示。

（1）转向灯

装于汽车前、后、左、右角，用于汽车转弯时发出明暗交替的闪光信号，使前后车辆、行人、交警知其行驶方向。转向灯的灯光光色为琥珀色，灯泡功率一般为 21 W。转向灯的指示距离，要求前转向灯白天距 100 m 以外可见，侧转向灯白天距 30 m 以外可见，转向灯的闪光频率应控制在 1~2 Hz。

图 13-3 转向灯、示廓灯、制动灯

（2）危险报警灯

危险报警灯用于车辆遇到紧急危险情况时，同时点亮前、后、左、右转向灯以发出警告信号。与转向灯有相同的要求。

（3）制动灯

制动灯用于指示车辆的制动或减速信号。制动灯安装在车尾两侧，两制动灯应与汽车的纵轴线对称并在同一高度上，制动灯灯光光色为红光，应保证白天距离100 m以外可见。

（4）示廓灯

示廓灯安装在汽车前、后、左、右侧的边缘。用于夜间行驶时指示汽车宽度和高度，因此，也被称之"示宽灯"和"示高灯"。示廓灯灯光标志在夜间300 m以外可见。前示廓灯的灯光光色为白色，后示廓灯的灯光光色多为红色，灯泡功率为8~10 W。

3 汽车内部照明系统

汽车内部照明系统由顶灯、仪表灯、踏步灯、工作灯、行李箱灯等组成，主要是为驾驶员、乘客提供方便。灯光光色为白色，灯泡功率为2~20 W。

1）顶灯，安装在驾驶室或车厢内顶部，为驾驶室或车厢内的照明灯具。灯光颜色一般为白色。

2）仪表灯，安装于仪表盘内，它用来照明汽车仪表。灯光颜色一般为白色。

3）踏步灯，一般安装在汽车的上下车台阶的左右两侧，作用是用来照明车门的踏步处，方便乘客上下车，灯光颜色一般为白色。

4）工作灯，是车辆维修时可以移动使用的一种随车低压照明工具，电源来自发电机或蓄电池。常常带有挂钩或夹钳，插头有点烟器式或两柱插头式两种。

5）行李箱灯，为轿车行李箱内的灯具，灯光为白色。

6）阅读灯，装于乘员席前部或顶部，聚光时乘员看书不会给驾驶员产生炫目现象，照明范围较小，有的还有光轴方向调节机构。

7）门灯，装于轿车外张式车门内侧底部，开启车门时，门灯发亮，以告示后来行人、车辆注意避让。该灯功率为5 W，光色为红色。

二、电器保险装置

汽车电路中有许多用电设备被不同颜色的电线连接起来，其中最不可忽视的应该是保险丝。保险丝是习惯叫法，国家标准中称熔断器。保险丝的作用是保护电路（线路）及用电设备。

插片式保险丝可分为超小号插片保险丝、小号汽车保险丝、中号汽车保险丝、大号汽车保险丝。

保险丝经常烧，与电路电器的短路有关，要检查排除故障。

项目实施 →

步序	图示	操作步骤	
1		操作内容	车辆防护
		技术要求	安装车轮挡块、尾气排放装置，车辆内外三件套
		安全隐患	防止车辆移动、油漆漆面损伤
2		操作内容	记录信息
		技术要求	记录车辆基本信息
		安全隐患	无
3		操作内容	检查液位
		技术要求	检查冷却液、制动液、机油液位
		安全隐患	烫伤、异物掉入机油尺位置
4		操作内容	起动车辆
		技术要求	踩住制动踏板，转动车钥匙，起动后松开钥匙
		安全隐患	车辆冲出操作位置
5		操作内容	检查仪表
		技术要求	观察仪表盘故障灯情况并记录
		安全隐患	无
6		操作内容	检查示廓灯
		技术要求	将灯光开关至于示廓灯挡 检查仪表示廓灯指示灯、检查车头示廓灯、检查后部尾灯、牌照灯
		安全隐患	无

步序	图示	操作步骤	
7		操作内容	检查前照灯
		技术要求	将灯光开关置于前照灯挡，检查近光灯。将灯光开关置于远光灯挡，检查仪表指示灯，检查远光灯，将灯光开关置于超车挡，检查远近光灯切换
		安全隐患	无
8		操作内容	检查雾灯
		技术要求	将灯光开关置于后雾灯挡。检查仪表雾灯指示灯，正常点亮。检查后雾灯，正常点亮
		安全隐患	无
9		操作内容	检查制动灯
		技术要求	踩下制动踏板，尾灯处制动灯正常点亮，后部高位制动灯正常点亮
		安全隐患	无
10		操作内容	检查倒车灯
		技术要求	踩下制动踏板，将挡位置于倒车挡，检查倒车灯，正常点亮
		安全隐患	车辆冲出操作位置
11		操作内容	检查转向灯
		技术要求	将变光开关向左拨动，检查仪表左转向灯，检查左侧转向灯泡。将变光开关向右拨动，检查仪表右转向灯，闪亮频率过快，仪表提示请检查右转向灯，检查右侧转向灯泡，右前右中频率闪亮过快，右后转向灯不亮
		安全隐患	无
12		操作内容	可能原因分析
		技术要求	关闭灯光开关，关闭右转向灯，熄火记录故障现象，分析可能原因
		安全隐患	无

步序	图示	操作步骤	
13	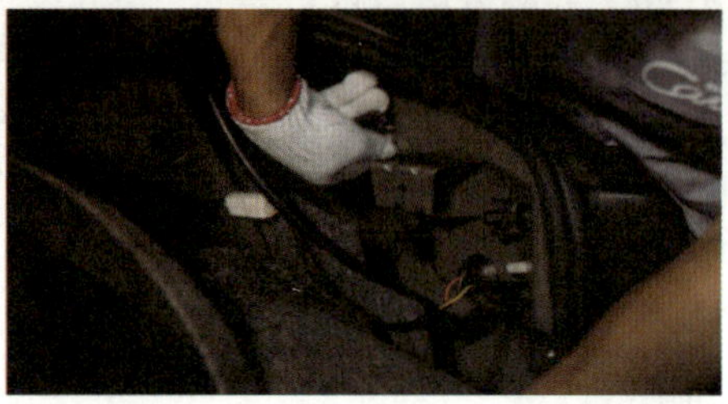	操作内容	维修准备
		技术要求	按下后备箱开启按钮，打开后备箱。使用内饰板拆装工具拆卸卡扣。 佩戴手套，拧下右后尾灯总成紧固旋钮，取下尾灯总成，检查连接是否松动，拆下灯泡，谨防烫伤
		安全隐患	安全操作以防工具零件掉落
14	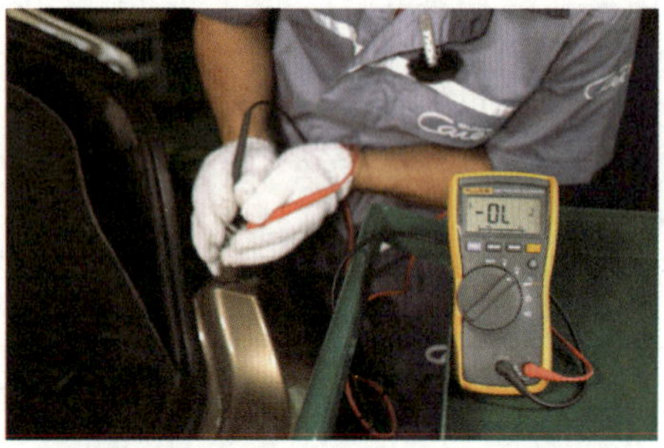	操作内容	检测右后转向灯泡电路
		技术要求	准备万用表，万用表欧姆挡自检，0.3 Ω 则正常。 打开右转向灯开关，使用万用表电压挡测量右后转向灯供电及搭铁情况，电压 0~13 V 跳动，正常，关闭右转向灯开关
		安全隐患	安全操作以防工具零件掉落
15	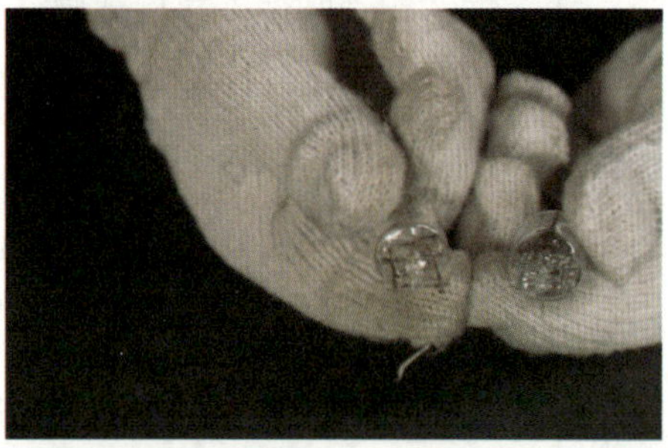	操作内容	检查灯泡
		技术要求	检查右后转向灯泡，灯泡损坏
		安全隐患	安全操作以防工具零件掉落，谨防烫伤
16		操作内容	维修并检查
		技术要求	更换新的灯泡，对比新的灯泡，型号一致，安装新的转向灯泡，打开右转向灯，检查仪表正常显示，右前右中转向灯泡正常频率闪亮，正常。右后转向灯泡正常频率闪亮，关闭右转向灯
		安全隐患	安全操作以防工具零件掉落，谨防烫伤
17	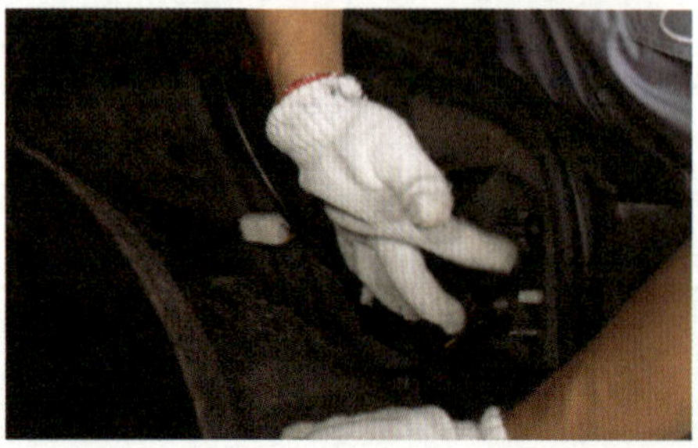	操作内容	安装其他附件，再次检查
		技术要求	安装右尾灯所有灯泡，安装右尾灯总成，拧紧紧固旋钮，安装卡扣。关闭后备箱。 打开右转向灯开关，右后尾灯正常闪亮，安装到位。 关闭右转向灯
		安全隐患	安全操作以防工具掉落

步序	图示	操作步骤	
18		操作内容	清洁整理
		技术要求	清洁整理工具设备。取出车轮挡块、尾气排放装置，车辆内外三件套
		安全隐患	安全操作以防工具零件掉落

实训记录 →

汽车灯光系统检查与维修记录如下。

姓名			准考证号	
品牌		整车型号	生产年月	
发动机型号		排量	行驶里程	
车辆识别码				

故障现象车主描述

故障诊断

序号	检查内容	诊断检查情况	维修措施（正常打√）
1	汽车照明灯		
2	汽车信号灯		

最终处理意见

项目评价 →

汽车灯光系统检查与维修如下。

序号	评分项	得分条件	配分	得分
1	规范作业、职业精神	1. 规范作业 □ 1.1 检查作业所需工量具设备是否完备（2分） □ 1.2 检查作业环境是否配备灭火器（2分） □ 1.3 检查举升机举升情况是否正常（2分） □ 1.4 正确安装车辆内外防护套装（2分） □ 1.5 正确安装车轮挡块（2分） □ 1.6 使用工量具前对工量具进行校准、清洁（2分） □ 1.7 作业完成后对工量具进行复位（2分） □ 1.8 作业过程做到油液、水、工量具不落地（2分） 2. 职业精神 □ 2.1 作业过程安全、规范、严谨操作（4分）	20	
2	专业技能操作能力	1. 检查灯光系统 □ 1.1 正确检查示廓灯工作情况（4分） □ 1.2 正确检查前照灯工作情况（4分） □ 1.3 正确检查远近光灯工作情况（3分） □ 1.4 正确检查仪表灯光指示灯工作情况（4分） □ 1.5 正确检查超车灯工作情况（3分） □ 1.6 正确检查后雾灯工作情况（4分） □ 1.7 正确检查制动灯工作情况（4分） □ 1.8 正确检查倒车灯工作情况（4分） □ 1.9 正确检查转向灯工作情况（4分） 2. 维修灯光系统 □ 2.1 正确拆装灯具总成（4分） □ 2.2 正确测量灯光系统电路（4分） □ 2.3 正确测量灯光系统灯泡（4分） □ 2.4 正确维修故障（4分）	50	
3	工具及设备的使用能力	□ 1. 能正确选用维修工具（5分） □ 2. 能正确使用万用表（5分）	10	
4	资料、信息查询能力	□ 1. 能正确使用维修手册查询资料（2分） □ 2. 能正确使用用户手册查询资料（2分） □ 3. 能在规定时间内查询所需资料（2分） □ 4. 能正确记录所查询资料章节页码（2分） □ 5. 能正确记录所需维修信息（2分）	10	
5	数据、判读和分析能力	□ 1. 能判断灯光系统是否正常（3分） □ 2. 能判断灯光系统电路是否正常（3分） □ 3. 能判断灯光系统元件是否正常（4分）	10	
总分			100	

课后练习 →

1）汽车灯光照明系统的组成有哪些？

2）对灯光系统检测进行巩固练习。

项目十四

发动机无法起动故障诊断

▊ 情景描述 →

　　一辆雪佛兰科鲁兹车主反映车辆准备行驶时，发现车辆无法起动，车主要求4S店上门救援检查，恢复车辆技术状况。（雪佛兰科鲁兹2014款三厢自动进取型轿车，车辆行驶里程65 456 km）

▊ 项目描述 →

　　根据车主提供的信息，基本可以判断问题出在车辆的发动机系统，通过现场检查，发动起动系统工作正常，起动机能够达到足够的转速，可能是发动机运转的"三要素"问题，需要作进一步检查。使用拖车拖回进行进一步检查。

▊ 项目目标 →

1.学习目标

能够正确叙述引起发动机无法起动的因素。

2.技能目标

1）能够正确使用故障诊断仪。

2）能够正确使用气缸压力表检查气缸压力。

3）能够正确使用燃油压力表检查燃油压力。

4）能够在操作过程中认识职业素养要求，体现严谨、负责、遵规、守法的职业精神。

理论知识 →

一、发动机无法起动，就得来说说发动机是如何起动的

　　首先，发动机起动系统是由蓄电池提供电能，在点火开关和起动继电器的控制下，起动机将电能转化为机械能，带动发动机飞轮齿圈和曲轴转动，从而使发动机进入自行运转状态。其次，起动发动机需要一定的转速，即是否能够保持发动机起动所需要的转速。当能够达到足够的转速时，继续检查点火、燃油和压缩系统，这就是发动机运转的"三要素"。

二、发动机无法起动检查方案

1. 起动情况检查

　　1）起动发动机需要一定的转速。检查中要判断是否能够达到保持发动机起动所需要的转速。

　　2）达到足够的转速时，继续检查点火、燃油和压缩系统，这就是发动机运转的"三要素"。

　　3）如果由于起动系统的故障导致无法达到足够的转速，即使发动机情况正常也无法起动。

　　4）更换蓄电池后的起动情况检查。如果蓄电池更换之后仍然不正常，无法达到足够的转速，应检查起动系统。

　　5）检查发动机起动系统。如果发动机旋转不正常或者不旋转，可能是由两个原因造成的：机械故障和电气故障。

　　机械故障指起动机本身的故障，包括电机故障、起动机啮合传动机构故障、电磁开关故障。这些故障可导致起动系统的起动能力下降或失去，从而使发动机无法获得足够的转速。电气故障包括点火开关、继电器、发动机ECU等故障。这些故障可导致无法控制起动机旋转，也可能使发动机无法获得足够的转速。发动机起动系统如果没有问题，可以判定是故障出在"三要素"上。"三要素"的检查可以将故障原因范围缩小到点火、燃油或压缩系统。

2. 发动机"三要素"检查

（1）点火系统

　　如果点火火花很弱或者根本没有火花，会导致故障。火花塞如图14-1所示。

图14-1　火花塞

（2）燃油系统

检查燃油是否有压力，喷油器是否工作。使用燃油压力表进行检测，如图14-2所示，如果燃油没压力，可以判定故障出在燃油泵或其相关部位。如果由于供油不足造成发动机无法起动，故障很可能出现在燃油流经的零件，比如喷油嘴或输油管等。缸内直喷的发动机还有可能是油压传感器信号有问题。

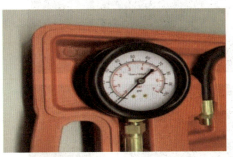

图14-2　燃油压力测试

（3）压缩系统

气缸压力下降可导致发动机起动困难，严重的可能造成无法起动。如果压缩压力下降，就会出现由于怠速不良或动力不足造成的故障，可以使用气缸压力表（见图14-3）对气缸压力进行测试判断。

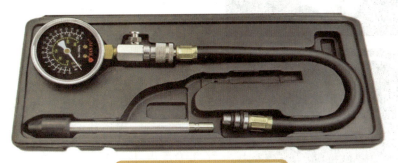

图14-3　气缸压力表

合适的空燃比对于起动发动机是非常重要的。空燃比对发动机稳定性的影响非常大，所以在查找故障原因时要根据故障出现时的情况首先查找那些影响空燃比的因素。

三、诊断方法和流程

明确现象。如果发动机无法起动时，观察起动机转还是不转，还是旋转无力。

观察仪表盘，仪表盘显示是否正常，是否有缺电现象，发动机转速表指针是否有反应，显示转速多少。

利用汽车自诊断系统，使用故障诊断仪进行故障代码读取。判断检测结果与故障现象是否一致性，在这种情况下就要检查故障代码和症状之间的关系。要结合故障代码和症状去分析检查，也可以说是故障汽车的"临床表现"和设备诊断相结合，最终确定故障原因。

视频－发动机
无法起动故障

项目实施 →

步序	图示	操作步骤	
1		操作内容	车辆防护
		技术要求	安装车轮挡块、尾气排放装置，车辆内外三件套
		安全隐患	防止车辆移动、油漆漆面损伤
2		操作内容	记录信息
		技术要求	记录车辆基本信息
		安全隐患	无
3		操作内容	检查液位
		技术要求	检查冷却液、制动液、机油液位
		安全隐患	烫伤、异物掉入机油尺位置
4		操作内容	打开点火开关。检查仪表
		技术要求	仪表盘正常点亮自检、故障灯点亮后熄灭并记录
		安全隐患	无
5		操作内容	起动发动机，检查现象并记录
		技术要求	观看发动机运转情况。观察发动机转速表情况并记录。熄火
		安全隐患	车辆冲出操作位置
6		操作内容	连接故障诊断仪
		技术要求	关闭点火开关。准备故障诊断仪。连接故障诊断仪
		安全隐患	安全操作以防工具设备掉落

步序	图示	操作步骤	
7		操作内容	起动发动机。 读取故障代码并记录
		技术要求	打开点火开关，根据车辆信息读取故障代码。 清除故障代码。 起动发动机。 读取故障代码并记录
		安全隐患	车辆冲出操作位置
8		操作内容	可能原因分析
		技术要求	根据故障现象、故障代码及相关数据流等诊断线索进行可能原因分析并填写
		安全隐患	无
9		操作内容	油压测试准备工作
		技术要求	准备灭火器，找到燃油压力检测接口，放上毛巾保护，将保护盖从测试接头上拆下；准备工具，组装燃油压力检测仪；将燃油压力检测仪上开关关闭；挂上燃油压力检测仪，将燃油压力检测仪连接至测试接头，准备好油液收集
		安全隐患	安全操作以防工具掉落、燃油泄漏
10		操作内容	燃油压力实测
		技术要求	打开点火开关，检查燃油压力，关闭点火开关，放出燃油压力检测管路里的空气，用容器收集。起动发动机，从压力表上读取燃油压力，起动过程中最高达380 kPa，后保持在300~400 kPa，正常
		安全隐患	燃油泄漏、火灾、车辆冲出操作位置
11		操作内容	油压测试回收工作
		技术要求	关闭点火开关，打开燃油压力检测仪上的开关，放出燃油压力检测管路里的油液，用合适的容器收集。将燃油压力检测仪从测试连接处断开，安装保护帽，取下燃油压力检测仪
		安全隐患	安全操作以防工具掉落，燃油泄漏

步序	图示	操作步骤	
12	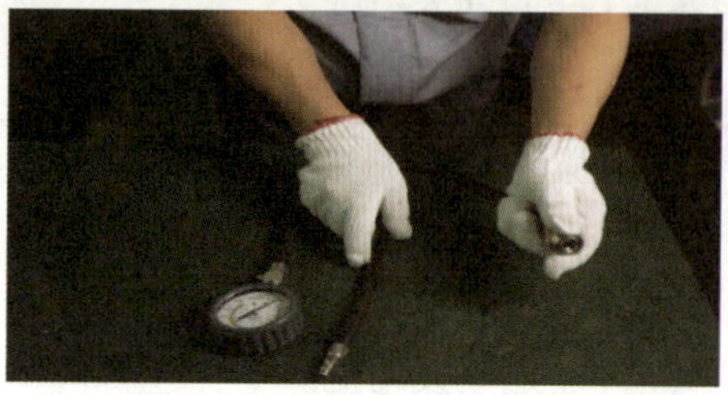	操作内容	准备气缸压力表
		技术要求	准备气缸压力表。组装气缸压力表
		安全隐患	安全操作以防工具掉落
13	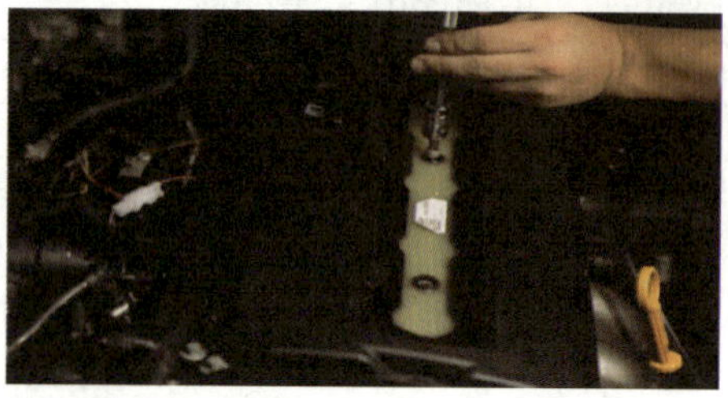	操作内容	拆卸点火燃油部件
		技术要求	断开四缸喷油器电磁阀，拔下点火线圈插接器，拧松点火线圈固定螺栓，取下点火线圈，用气枪吹净火花塞孔，拧松火花塞，取下火花塞
		安全隐患	异物掉落气缸
14	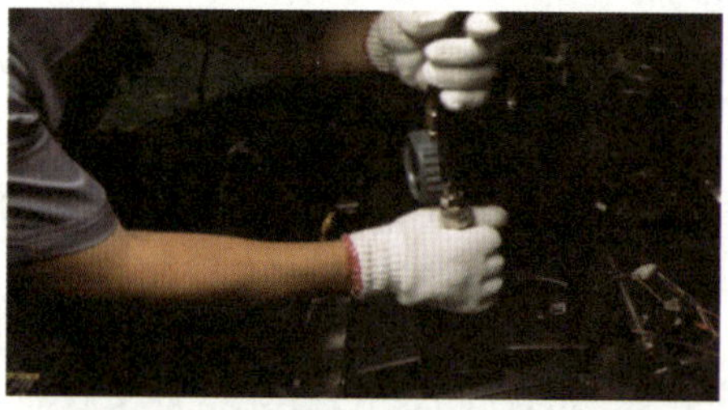	操作内容	安装气缸压力表
		技术要求	检查气缸压力表。安装气缸压力表
		安全隐患	安全操作以防工具掉落。异物掉落气缸
15		操作内容	气缸压力测试
		技术要求	起动发动机检测四缸气缸压力记录。拆下气缸压力表
		安全隐患	异物掉落气缸
16	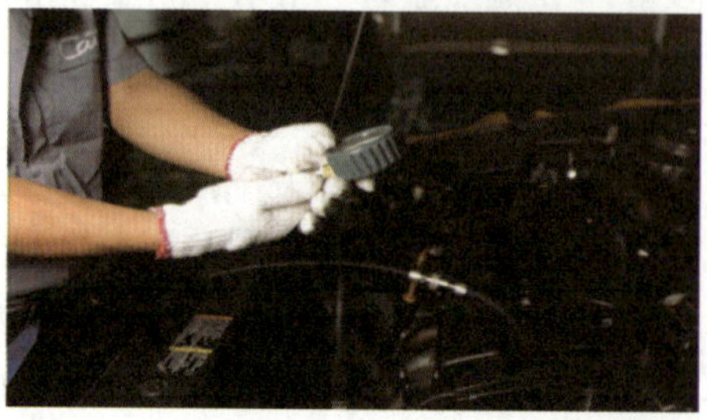	操作内容	气缸压力测试回收工作
		技术要求	泄压。拆下气缸压力表
		安全隐患	安全操作以防工具设备掉落，异物掉落气缸

步序	图示	操作步骤	
17		操作内容	检查点火系统电路
		技术要求	数据流无不点火数据。退出程序，熄火，取下诊断仪插接器
		安全隐患	安全操作以防工具设备掉落
18		操作内容	测试点火火花
		技术要求	数据流无不点火数据。退出程序，熄火，取下诊断仪插接器
		安全隐患	安全操作以防工具设备掉落
19		操作内容	更换故障部件、安装部件
		技术要求	数据流无不点火数据。退出程序，熄火，取下诊断仪插接器
		安全隐患	安全操作以防工具设备掉落
20		操作内容	气缸压力测试
		技术要求	数据流无不点火数据。退出程序，熄火，取下诊断仪插接器
		安全隐患	安全操作以防工具设备掉落
21		操作内容	清洁整理
		技术要求	清洁整理工具设备。取出车轮挡块、尾气排放装置，车辆内外三件套
		安全隐患	安全操作以防工具设备掉落

实训记录 →

发动机电气故障诊断基本流程记录如下。

姓名		准考证号			
品牌		整车型号		生产年月	
发动机型号		排量		行驶里程	
车辆识别码					
故障现象车主描述					
故障诊断					
故障现象、故障特征					
故障代码					
故障代码含义					
可能原因分析					

序号	检查内容	诊断检查情况	维修措施（正常打√）
1	检查点火系统		
2	使用气缸压力表检查气缸压力		
3	检查燃油系统		
最终处理意见			
复查代码			
复查现象			

项目评价 →

发动机无法起动故障诊断评分细则如下。

序号	评分项	得分条件	配分	得分
1	规范作业、职业精神	1. 规范作业 □ 1.1 检查作业所需工量具设备是否完备（2分） □ 1.2 检查作业环境是否配备灭火器（2分） □ 1.3 检查举升机举升情况是否正常（2分） □ 1.4 正确安装车辆内外防护（2分） □ 1.5 正确安装车轮挡块（2分） □ 1.6 使用工具前对工量具进行清洁、校准（2分） □ 1.7 作业完成后对工量具进行复位（2分） □ 1.8 作业过程做到三不落地（2分） 2. 职业精神 □ 2.1 作业过程安全、规范、严谨操作（4分）	20	

续表

序号	评分项	得分条件	配分	得分
2	专业技能操作能力	1. 检查记录故障现象 □ 1.1 正确起动车辆检查故障现象（3分） □ 1.2 正确检查仪表盘现象并记录（3分） □ 1.3 正确检查发动机运转情况并记录（3分） 2. 检查点火系统故障 □ 2.1 正确拆装点火线圈和模块（4分） □ 2.2 正确拆装火花塞（4分） □ 2.3 正确试火检查点火火花（4分） □ 2.4 正确清洁火花塞孔（3分） 3. 检查气缸压力 □ 3.1 正确拆装气缸压力表（4分） □ 3.2 正确测量气缸压力（5分） 4. 检查燃油压力 □ 4.1 做好燃油压力测试防护工作（4分） □ 4.2 正确连接拆卸燃油压力表（4分） □ 4.3 正确测量燃油压力（5分） □ 4.4 拆卸燃油压力表前正确泄压，回收燃油（4分）	50	
3	工具及设备的使用能力	□ 1. 能正确选用维修工具（2分） □ 2. 能正确使用气缸压力表（3分） □ 3. 能正确使用燃油压力表（3分） □ 4. 能正确使用解码器（2分）	10	
4	资料、信息查询能力	□ 1. 能正确使用维修手册查询资料（3分） □ 2. 能正确使用用户手册查询资料（2分） □ 3. 能正确记录所查询资料章节页码（2分） □ 4. 能正确记录所需维修信息（3分）	10	
5	数据、判读和分析能力	□ 1. 能判断点火系统是否正常（3分） □ 2. 能判断气缸压力是否正常（3分） □ 3. 能判断燃油压力是否正常（4分）	10	
总分			100	

课后练习 →

1）发动机运转"三要素"检查是什么？

2）对发动机燃油系统检查进行巩固练习。

项目十五

数据流分析

情景描述 →

上汽通用别克威朗 2016 款 15S 自动进取型轿车，车辆购置时间为 2016 年 1 月，行驶里程为 10 万 km。该车辆在行驶时突然出现加速无力的症状，即使把油门踏板踩到底车辆也没有明显的加速征兆。车主要求 4S 店仔细检查，恢复车辆的技术状况。

项目描述 →

根据车主提供的信息，对车辆进行了全面的检查，故障现象与车主描述一致，怀疑故障是由于发动机电子节气门控制系统故障引起。虽然读取故障代码可以帮助维修人员确定故障范围，但其具有一定的局限性。与读取故障代码相比，对系统的工作数据进行分析却更能反映系统的工作状况，使维修人员更能锁定故障，排除故障。因此，维修人员需要对电子节气门控制系统的工作数据进行读取分析，确定故障范围，排除故障，以恢复车辆技术状况。

项目目标 →

1. 知识目标

1）掌握数据流分析的作用，了解汽车数据流的分类方式。

2）掌握常用的数据流分析方法。

2. 技能目标

1）使用故障诊断仪读取电子节气门控制系统在不同状态下的工作数据。

2）根据读取的数据，分析并确定故障范围，排除故障。

理论知识 →

一、汽车数据流的定义

汽车数据流是指电子控制单元（ECU）和传感器与执行器交流的数据参数通过诊断接口，由专用故障诊断仪读取的数据，它随时间和工况而变化。数据的传输就像队伍排队一样，一个一个通过数据线流向诊断仪。发动机电子控制系统示意图如图 15-1 所示。

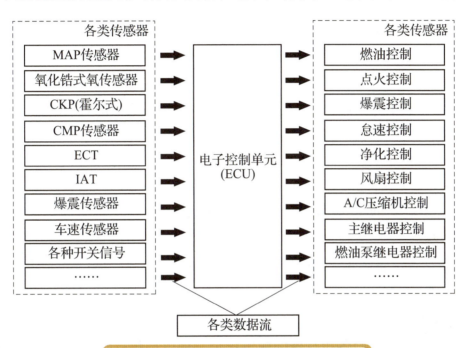

图 15-1　发动机电子控制系统示意图

二、数据流分析的作用

1）通过对所获取的数据流的分析，可以实时了解汽车电子控制系统各种传感器和执行器的工作状态信息，掌握汽车的运行状况，判断汽车各电子控制系统工作是否正常。

2）可以解决有故障而无故障代码或误码等疑难故障问题。在使用故障诊断仪读取电子控制系统故障代码并根据故障代码进行检修时，大多数情况下都能判明故障发生的原因和具体的故障部位，但有时候仅仅靠故障代码寻找故障，往往会出现判断上的失误。因为有很多故障是不能被 ECU 所记录的，并且有些显示的故障代码也不一定是汽车真正的故障。在这种情况下，最为可行的办法就是使用故障诊断仪读取电子控制系统的数据流，动态分析电子控制系统的工作状况。通过对数据流中的各项参数进行数值分析并与标准数据参数进行综合的比较，可以判断汽车电子控制系统的工作是否正常，从而准确、快速地排除故障。

3）通过读取数据流，可以进行控制器编码、基本设定和自适应值清除等，对电子控制系统进行更精确的匹配，使电控发动机等各系统能在最佳的状态下工作。

三、汽车数据流的分类方式

1. 根据数据在诊断仪上显示的方式分

根据数据在诊断仪上显示的方式不同，数据流可分为：

（1）数据参数

数据参数是指有一定单位、一定变化范围的参数，它通常反映出电控装置工作中各部件的工作电压、温度、压力、时间、速度等。

（2）状态参数

状态参数是只有两种工作状态的参数，如开或关、是或否、闭合或断开、高或低等，它通常表示电控装置中的开关和电磁阀等元件的工作状态。

2. 根据数据流与 ECU 的输入／输出关系分

根据数据流与 ECU 的输入／输出关系，数据流可分为：

（1）输入参数

输入参数是指各传感器或开关信号输入给 ECU 的各个参数。输入参数可以是数值参数，也可以是状态参数。

（2）输出参数

输出参数是 ECU 输出给各执行器的输出指令。输出参数有状态参数，如电磁阀的开与关、警告灯的亮与灭、电动机的转与停等控制信号；输出参数也有数据参数，如喷油器的喷油时间、点火提前角等。

3. 按检测数据流时汽车电子控制系统的工作状态分

按检测数据流时汽车电子控制系统的工作状态，数据流可分为：

（1）静态数据流

汽车电子控制系统接通电源但未工作时所检测到的数据为静态数据流。例如，接通点火开关但不起动发动机，这时，利用故障诊断仪或其他测量仪器测得的汽车电子控制系统的数据即为静态数据流。

（2）动态数据流

汽车电子控制系统处于工作状态时检测到的数据为动态数据流。例如，接通点火开关且起动发动机，在发动机处于运转状态下，用故障诊断仪或其他测量仪器所测得的发动机电子控制系统的数据。动态数据流随电子控制系统工作状态的变化而改变。

4. 按数据流中的参数所属的系统分

按数据流中的参数所属的系统，数据流可分为电控发动机数据流、自动变速器数据流、ABS 数据流、车身电脑数据流、安全气囊数据流等。

四、常用数据流分析方法

1. 数值分析法

是指分析采集数据的变化规律和范围，或者与标准数据进行比较，如图 15-2 和图 15-3 所示，以确定数据是否有问题，如电压信号、速度信号、温度信号等。

图 15-2　空气流量传感器正常数据

图 15-3　空气流量传感器故障数据流

2. 时间分析法

时间分析法是通过对所获取的数据流数值随时间的变化而进行分析，从中得到被测对象正确与否的数据流分析方法。进行数据流分析时，某些数据参数不仅要考虑其数值大小，而且需要看其工作时限是否超越正常的范围。时限是指在一定单位时间内应发生的次数或应达到的状态，如冷却液温度传感器、氧传感器的变化频率等，如图 15-4 所示。

图 15-4　氧传感器故障数据流

3. 因果分析法

因果分析法是对相互间有联系的相应数据的响应情况和响应速度进行分析，如 EGR 阀和 EGR 位置传感器之间的关系。

4. 相关分析法

指对彼此相关的数据进行分析比较，然后检查故障是否存在的方法。例如，将电子加速踏板的位置信号与节气门位置传感器的打开信号进行比较，如图 15-5 所示。

5. 比较分析法

比较分析法是指在相同的条件下，将同一年车型、同一品牌车型、同一系统的两款车的数据进行对比，以确定是否正常。如果某个值不确定，就和另一辆车比较。也可以在同一辆车内不同工况下进行对比，比如冷车和热车的数据。这种方法也可以在更换非同车零件后，通过数值对比来判断故障。

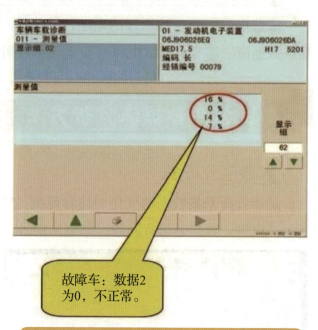

故障车：数据2为0，不正常。

图 15-5 节气门位置传感器故障数据流

项目实施 →

视频 - 数据流分析

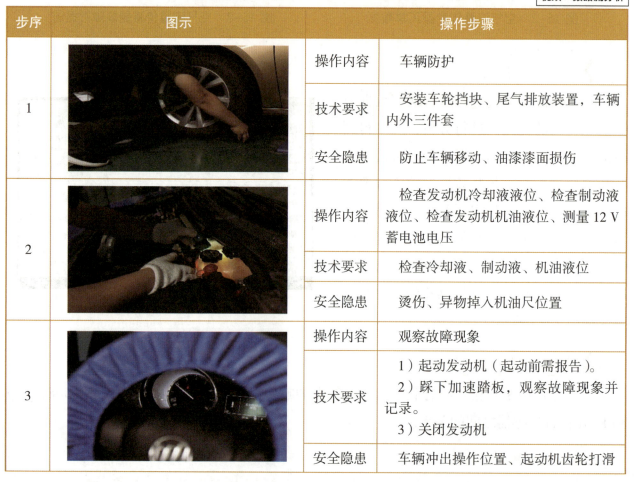

步序	图示	操作步骤	
1		操作内容	车辆防护
		技术要求	安装车轮挡块、尾气排放装置，车辆内外三件套
		安全隐患	防止车辆移动、油漆漆面损伤
2		操作内容	检查发动机冷却液液位、检查制动液液位、检查发动机机油液位、测量 12 V 蓄电池电压
		技术要求	检查冷却液、制动液、机油液位
		安全隐患	烫伤、异物掉入机油尺位置
3		操作内容	观察故障现象
		技术要求	1）起动发动机（起动前需报告）。2）踩下加速踏板，观察故障现象并记录。3）关闭发动机
		安全隐患	车辆冲出操作位置、起动机齿轮打滑

续表

步序	图示	操作步骤	
4		操作内容	连接故障诊断仪
		技术要求	1）将故障诊断仪检测诊断接口连接至车辆 OBD 接口。 2）打开点火开关（仪表指示灯点亮）
		安全隐患	诊断接口损坏
5		操作内容	起动发动机。 读取数据流并记录
		技术要求	打开点火开关，起动发动机。 根据车辆信息读取数据流
		安全隐患	车辆冲出操作位置、起动机齿轮打滑
6		操作内容	选择相应数据
		技术要求	1）选择"节气门控制系统"选项。 2）选择数据流"加速踏板位置传感器 1""加速踏板位置传感器 2""节气门位置传感器 1""节气门位置传感器 2"
		安全隐患	车辆冲出操作位置、起动机齿轮打滑
7		操作内容	在未踩下加速踏板和完全踩下加速踏板时读取数据
		技术要求	1）在未踩下加速踏板的情况下读取数据并记录，判断数据是否正常。 2）在完全踩下加速踏板的情况下读取数据并记录，判断数据是否正常
		安全隐患	车辆冲出操作位置、起动机齿轮打滑
8		操作内容	分析排除故障
		技术要求	1）将诊断系统退出至"变速箱类型选项"界面。 2）关闭点火开关。 3）根据读取的数据分析可能的故障原因。 4）检查节气门控制系统各部件插接器连接情况，排除故障并记录
		安全隐患	无

步序	图示	操作步骤	
9		操作内容	故障恢复后验证
		技术要求	1）按上述步骤再次进入发动机系统，选择"节气门控制系统"选项。 2）选择数据流"加速踏板位置传感器1""加速踏板位置传感器2""节气门位置传感器1""节气门位置传感器2"。 3）在未踩下加速踏板的情况下读取数据并记录，判断数据是否正常。 4）在完全踩下加速踏板的情况下读取数据并记录，判断数据是否正常
		安全隐患	车辆冲出操作位置、起动机齿轮打滑
10		操作内容	退出系统，断开故障诊断仪
		技术要求	1）将诊断系统退出至初始界面。 2）关闭点火开关。 3）关闭故障诊断仪，断开故障诊断仪诊断接口
		安全隐患	安全操作以防工具设备掉落
11		操作内容	清洁整理工具、车辆、场地
		技术要求	将举升平台降至最低位置，取出举升橡胶块，取出车内三件套，取下车外三件套，升起驾驶员侧车窗，取出车辆挡块和尾气排放装置，所有工具设备复位清洁，清洁车辆，清理场地
		安全隐患	无

实训记录

数据流分析维修记录如下。

姓名			准考证号		
品牌		整车型号		生产年月	
发动机型号		排量		行驶里程	
车辆识别码					

一、故障现象：

二、数据读取：（排故前）8分

测量条件	未踩下加速踏板	
数据项目	**数值**	**判定**
节气门位置传感器1		□正常　□不正常
节气门位置传感器2		□正常　□不正常
加速踏板位置传感器1		□正常　□不正常
加速踏板位置传感器2		□正常　□不正常
测量条件	完全踩下加速踏板	
数据项目	**数值**	**判定**
节气门位置传感器1		□正常　□不正常
节气门位置传感器2		□正常　□不正常
加速踏板位置传感器1		□正常　□不正常
加速踏板位置传感器2		□正常　□不正常

三、可能的故障原因：

四、故障点：

五、数据读取：（排故后）8分

测量条件	未踩下加速踏板	
数据项目	**数值**	**判定**
节气门位置传感器1		□正常　□不正常
节气门位置传感器2		□正常　□不正常
加速踏板位置传感器1		□正常　□不正常
加速踏板位置传感器2		□正常　□不正常
测量条件	完全踩下加速踏板	
数据项目	**数值**	**判定**
节气门位置传感器1		□正常　□不正常
节气门位置传感器2		□正常　□不正常
加速踏板位置传感器1		□正常　□不正常
加速踏板位置传感器2		□正常　□不正常

项目评价 →

数据流分析评分细则如下。

序号	评分项	评分标准	配分	得分
1	规范作业、职业精神	**1. 规范作业** □ 1.1 检查作业所需工量具设备是否完备（1分） □ 1.2 检查作业环境是否配备灭火器（1分） □ 1.3 检查举升机举升情况是否正常（1分） □ 1.4 正确安装车辆内外防护（2分） □ 1.5 正确安装车轮挡块（2分） □ 1.6 使用工具前对工量具进行清洁、校准（2分） □ 1.7 作业完成后对工量具进行复位（1分） □ 1.8 作业过程做到三不落地（2分） **2. 职业精神** □ 2.1 作业过程安全、规范、严谨操作（3分）	15	
2	应用技能、操作技能	**1. 作业准备** □ 1.1 正确安装车轮挡块、尾气排放装置（2分） □ 1.2 检查确认电子手刹和仪表状态（1分） □ 1.3 全面检查车身状况（1分） □ 1.4 正确检查数字式万用表的电阻量程（校零）（2分） **2. 发动机起动前检查** □ 2.1 正确检查制动液、冷却液、机油液位（3分） □ 2.4 正确检查 12 V 蓄电池电压，并记录（1分） **3. 检查故障现象** □ 3.1 正确起动发动机，起动发动机前进行报告（2分） □ 3.2 踩下加速踏板，观察故障现象并记录（3分） **4. 连接故障诊断仪** □ 4.1 正确将故障诊断仪诊断接口与车辆 OBD 诊断接口连接（2分） □ 4.2 根据车辆信息，正确操作故障诊断仪进入车辆系统（5分） **5. 电子节气门控制系统的数据读取与分析** □ 5.1 根据工单读取未踩下加速踏板时的数据并记录（3分） □ 5.2 根据工单读取完全踩下加速踏板时的数据并记录（3分） □ 5.3 系统退出至"变速箱类型选项"界面，关闭点火开关（2分） □ 5.4 根据工单，再次读取未踩下加速踏板时的数据并记录（2分） □ 5.5 根据工单，再次读取完全踩下加速踏板时的数据并记录（2分） **6. 断开故障诊断仪** □ 6.1 正确将诊断系统退出至初始界面（1分） □ 6.3 关闭故障诊断仪，断开故障诊断仪诊断接口（2分）	45	

续表

序号	评分项	评分标准	配分	得分
2	应用技能、操作技能	7.清洁整理工具、车辆、场地 □ 7.1 正确取下车轮挡块、尾气排放装置（2分） □ 7.2 全面检查车身状况（2分） □ 7.3 所有工具设备复位清洁（3分） □ 7.4 场地 7S 清洁（1分）	45	
3	信息录入、资料应用、资讯检索	□ 1. 能正确使用维修手册查询资料（2分） □ 2. 能正确使用用户手册查询资料（2分） □ 3. 能在规定时间内查询所需资料（2分） □ 4. 能正确记录所查询资料章节页码（2分） □ 5. 能正确记录所需维修信息（2分）	10	
4	工具及设备使用	□ 1. 能正确选用维修工具（3分） □ 2. 能正确使用万用表（3分） □ 3. 能正确使用解码器（4分）	10	
5	原因分析、故障排除	□ 1. 根据读取的数据，正确分析可能的故障原因（10分） □ 2. 根据可能的原因进行正确检查，排除故障并记录（10分）	20	
		总计	100	

课后练习

1）请写出数据流的分类方式。

2）请写出数据流的分析方法。

项目十六

01N 型自动变速器拆装

▍情景描述 →

　　李先生于 2000 年购买了大众帕萨特 B5 轿车，行驶里程达 30 万 km，最近车主加速时，发动机转速提升很快，车速却没有明显的变化，在平路行驶过程中现象不太明显，上坡时现象较为明显，于是前往 4S 店修理，维修人员接待了李先生，详细询问车辆故障现象及故障发生的过程，了解客户需求后，展开维修工作。

▍项目描述 →

　　通过客户的描述，结合维修人员道路测试，车主加速无力的情况属实。调取该客户的维修保养记录，发现车主已有 6 年未来店里做保养，询问得知是在小维修店做常规保养，并未对变速器油进行更换。

▍项目目标 →

对大众 01N 型自动变速器进行检查。

1. 知识目标

理解 01N 型自动变速器工作原理。

2. 技能目标

1）掌握自动变速器拆装流程。

2）能够规范使用维修工具。

理论知识 →

一、自动变速器的作用

　　自动变速器是指在汽车行驶过程中，变速器的操纵和换挡全部或者部分实现自动化控制的变速器。自动变速器可根据汽车行驶速度和发动机转速、汽车的负荷、路面状况和驾驶员的意愿，自动改变传动系统传动比，使汽车获得良好的动力性和经济性，并减少发动机排气污染。

　　自动变速器的种类很多，主要有液力自动变速器（AT）、电控机械式变速器（AMT）、机械式无级变速器（CVT）和双离合变速器（DSG）等。

二、自动变速器的组成

　　主要由液力变矩器、行星齿轮变速器（齿轮变速器）、控制系统和油泵 4 部分组成。

1. 液力变矩器

　　液力变矩器位于自动变速器的最前端，固定在发动机的飞轮上。其作用类似离合器，能根据汽车的行驶阻力，在一定范围内进行无级变速，具有一定的减速增扭功能。主要由泵轮、涡轮、导轮等组成，如图 16-1 所示。泵轮与发动机飞轮相连，为主动件，里面有若干片直叶片，固定在变速器壳体内，与发动机曲轴同步转动。涡轮内也有若干片曲面叶片，通过其内花键与变速器输入轴连接，为从动件。导轮介于泵轮、涡轮之间，其上也有叶片。导轮通过单向离合器支承在固定套管上，使其只能单向旋转（顺时针方向）。

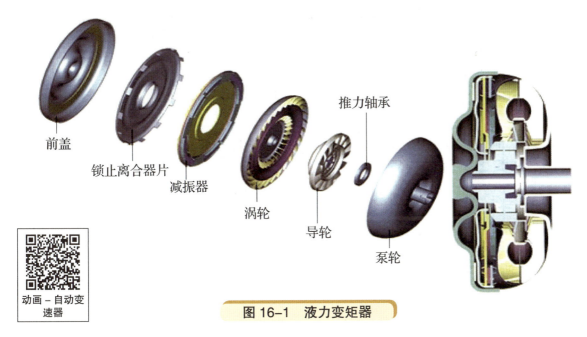

动画–自动变速器

图 16-1　液力变矩器

前盖　锁止离合器片　减振器　涡轮　推力轴承　导轮　泵轮

2. 行星齿轮变速器（齿轮变速器）

虽然液力变矩器能传递和增大发动机输出的转矩，但增加的转矩不够大，增大的转矩满足不了汽车的使用要求，通常在液力变矩器后端加行星齿轮变速器。行星齿轮变速器包括齿轮变速机构和换挡执行机构。换挡执行机构通过改变齿轮变速机构的位置，实现不同的传动比。

3. 控制系统

控制系统可分为液力式控制系统和电液式控制系统。控制系统根据手动阀位置、节气门开度、车速和控制开关的状态，利用液压自动控制原理或电子自动控制原理，按一定规律控制齿轮变速器的换挡执行机构的工作，实现自动换挡。

4. 油泵

油泵位于液力变矩器之后，齿轮变速器之前（也有安装在油底壳或变速器体外的）。油泵为液力变矩器、控制系统、换挡机构的工作和机械系统润滑提供一定压力的液压油。发动机的动力通过液力变矩器传输到齿轮传动部分，控制系统按照发动机负荷和车速等信号，实现传动比变换——换挡，最后动力由输出轴输出。

三、01 N自动变速器挡位分析

01 N自动变速器如图 16-2 所示。

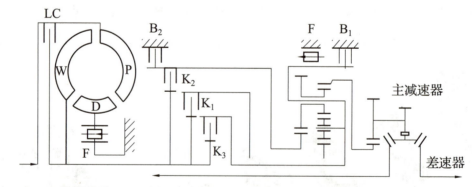

B_2—二、四挡制动器；K_2—倒挡离合器；K_1—一、三挡离合器；K_3—三、四挡离合器；
B_1—倒挡制动器；F—单向离合器；LC—装在液力变矩器的锁止离合器。

图 16-2 01N 自动变速器

1. 换挡执行元件在各挡位时的动作表

如表 16-1 所示为各挡位换挡执行元件的工作情况。

表 16-1　各挡位换挡执行元件的工作情况

部件挡位	B_1	B_2	K_1	K_2	K_3	F	LC
R	√			√			
1H			√		√		
1M			√			√	√
2H		√	√				
2M		√	√				√
3M			√		√		
3H			√		√		√
4H		√			√		
4M		√			√		√

2. 各挡位动力传递路线

（1）一挡

液压一挡时，离合器 K_1 接合，单向离合器 F 工作。 如图 16-3 所示，动力传递路线为：泵轮→涡轮→涡轮轴→离合器 K_1 →小太阳轮→短行星齿轮→长行星齿轮驱动齿圈。

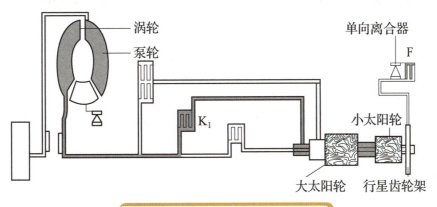

图 16-3　一挡动力传递路线

（2）二挡

液压二挡时，离合器 K_1 接合，制动器 B_2 制动大太阳轮，如图 16-4 所示，动力传递路线为：泵轮→涡轮→离合器 K_1 →小太阳轮→行星齿轮围绕大太阳轮转动驱动齿圈。

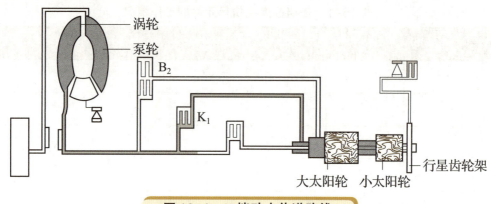

涡轮
泵轮
B_2
K_1
大太阳轮　小太阳轮　行星齿轮架

图 16-4　二挡动力传递路线

（3）三挡

液压三挡时，离合器 K_1 和 K_3 接合，驱动小太阳轮和行星齿轮架，因此使行星齿轮机构锁止并一同转动，如图 16-5 所示，动力传递路线为：泵轮→涡轮→离合器 K_1 和 K_3→整个行星齿轮转动。

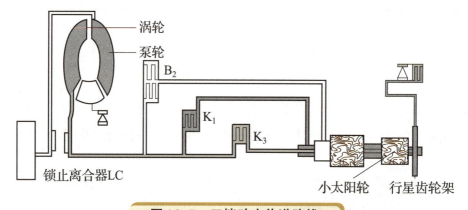

涡轮
泵轮
B_2
K_1
K_3
锁止离合器LC
小太阳轮　行星齿轮架

图 16-5　三挡动力传递路线

（4）四挡

液压四挡时，离合器 K_3 接合，制动器 B_2 工作，使行星齿轮架工作，并驱动大太阳轮，如图 16-6 所示，动力传递路线为：泵轮→涡轮→离合器 K_3→行星齿轮架→长行星齿轮围绕大太阳轮转动并驱动齿圈。

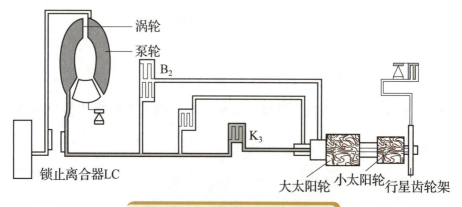

涡轮
泵轮
B_2
K_3
锁止离合器LC
大太阳轮　小太阳轮　行星齿轮架

图 16-6　四挡动力传递路线

（5）倒挡

变速器变速杆在 R 位置时，离合器 K_2 接合，驱动大太阳轮。制动器 B_1 工作，使行星齿轮架制动，如图 16-7 所示，动力传递路线为：泵轮→涡轮→涡轮轴→离合器 K_2→大太阳轮→长行星齿轮反向驱动齿圈。

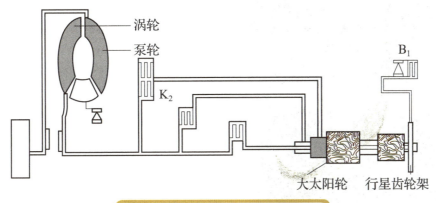

图 16-7　倒挡动力传递路线

五、自动变速器新技术

W-CVT 是丰田开发的一种新的无级变速箱，称为齿轮直驱式 CVT（Direct Shift-CVT），如图 16-8 所示。该变速箱不仅有传统 CVT 钢带轮固定的金属带传动结构，还额外有一套齿轮传动结构。主要为了实现变速传动比更宽，提高动力性、燃油经济性和 NVH 性能。协调平滑和直接两种加速感觉，实现足够的驾驶乐趣。简化 CVT 部分结构，提高设计强度和发挥稳定性优势。W-CVT 齿轮直驱式变速箱如图 16-8 所示。

图 16-8　W-CVT 齿轮直驱式变速箱

对于该 W-CVT 来说，轻微加速时，齿轮与钢带的切换像传统 CVT 一样能做到平滑的切换，并尽可能做到驾驶员无法察觉的程度。在急加速时，挡位会迅速直接的切换至钢带上，做到和 DCT 变速箱类似的感受，以提供节奏感和持续加速。当它在驾驶时遇到不确定状况，它会测量车辆行为，然后控制以帮助平稳驾驶。

项目实施 →

步骤	图示	操作步骤	
1		操作内容	工具准备
		技术要求	工具准备齐全
		安全隐患	防止工具掉落
2		操作内容	油泵安装位置
		技术要求	油泵的安装位置必须正确，做上记号
		安全隐患	防止油泵无法安装到位
3		操作内容	拆卸油泵螺栓
		技术要求	用 TX45 套筒对角线预松油泵紧固螺栓，并用 M8 螺栓取下油泵
		安全隐患	防止油泵螺栓损坏
4		操作内容	取出总成
		技术要求	取下 B2 制动器，取下制动器支撑、取下 K2 离合器，取下 K1/K3 离合器
		安全隐患	防止零部件掉落
5		操作内容	固定大太阳轮
		技术要求	用一字起固定，将大太阳轮与变速器壳体固定
		安全隐患	防止无法拆卸小传动轴螺栓
6		操作内容	拆卸小传动轴螺栓
		技术要求	松开小传动轴的紧固螺栓。 注：此时的变速器不能处于空挡状态
		安全隐患	防止紧固螺栓损坏

步骤	图示	操作步骤	
7		操作内容	取下大太阳轮、大传动轴、小传动轴
		技术要求	取下大太阳轮、大传动轴、小传动轴，并进行分离
		安全隐患	防止零部件缺失
8		操作内容	拆卸卡环
		技术要求	用一字起拆卸第一道卡环，用一字起拆卸第二道卡环
		安全隐患	防止卡环折断或发生变形
9		操作内容	取下行星齿轮架总成并分离
		技术要求	用手钩住行星齿轮架的内圈，连同单向离合器和碟形弹簧从变速器壳体上取出，并分离部件
		安全隐患	防止零部件缺失
10		操作内容	取出 B1 制动器片组、调整垫片
		技术要求	取出 B1 制动器片组、调整垫片并进行分离
		安全隐患	防止摩擦片、钢片、垫片损坏
11		操作内容	装入行星齿轮架
		技术要求	转动行星齿轮架，确认转动是否平顺
		安全隐患	防止行星齿轮架无法正常工作
12	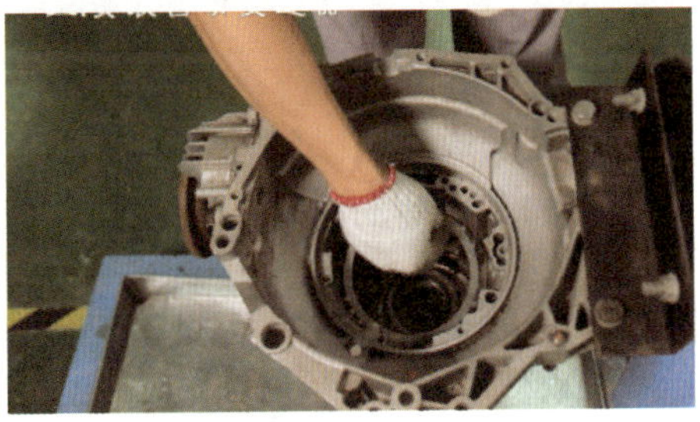	操作内容	放入制动器 B1 的摩擦片和钢片
		技术要求	两片调整垫片先放，接着安装钢片和摩擦片
		安全隐患	防止制动器无法正常工作，损坏制动器摩擦片和钢片

步骤	图示	操作步骤	
13		操作内容	放入压片
		技术要求	放入压片，平面朝向摩擦片
		安全隐患	安装方向错误，使压片损坏
14		操作内容	碟形弹簧
		技术要求	装入碟形弹簧，凸面朝向制动器 B1 的活塞
		安全隐患	防止碟形弹簧损坏
15		操作内容	单向离合器
		技术要求	用专业工具张开单向离合器滚柱，并装入单向离合器，在放入单向离合器时注意单向离合器上面的油孔应与变速器壳体上的油孔对齐
		安全隐患	单向离合器安装位置准确，否则无法进入下一步安装操作
16		操作内容	安装卡环
		技术要求	开环开口对准缺口，依次转入两道卡环
		安全隐患	防止卡环变形，安装失败
17		操作内容	安装大太阳轮
		技术要求	将大太阳轮、大传动轴和小传动轴部件装入变速器壳体。注：大太阳轮和大传动轴之间，大传动轴和小传动轴之间都有垫片和推力滚针轴承
		安全隐患	防止大太阳轮无法正常工作
18	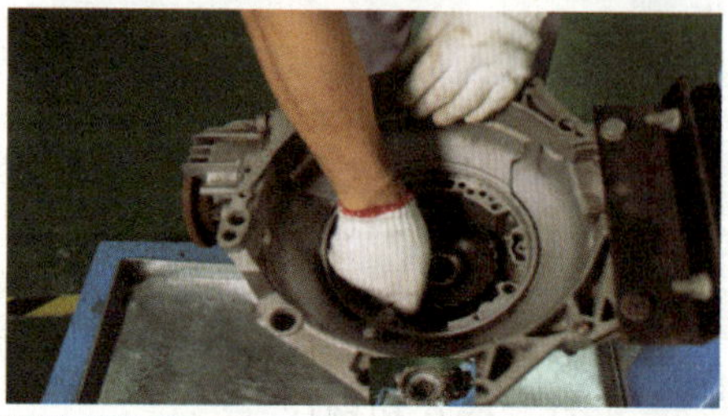	操作内容	大传动轴
		技术要求	安装到位，转动平顺。注：大太阳轮和大传动轴之间有垫片和推力滚针轴承
		安全隐患	防止大传动轴无法正常工作

续表

步骤	图示	操作步骤	
19		操作内容	小传动轴
		技术要求	安装到位，转动平顺。 注：大传动轴和小传动轴之间都有垫片和推力滚针轴承
		安全隐患	防止小传动轴无法正常旋转
20		操作内容	固定大太阳轮
		技术要求	用一字起固定，将大太阳轮与变速器壳体固定
		安全隐患	防止无法安装小传动轴螺栓
21		操作内容	安装小传动轴螺栓
		技术要求	安装带有垫圈和调整垫片的小传动轴螺栓，拧紧力矩为 30 N·m
		安全隐患	防止小传动轴螺栓松动
22	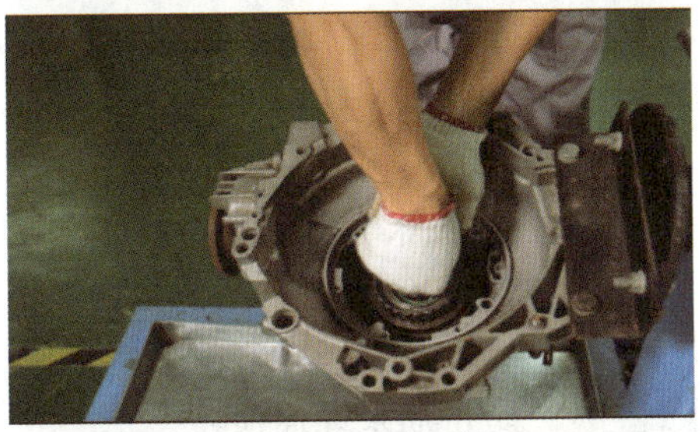	操作内容	安装 K1、K3
		技术要求	装入一、三挡离合器 K1 和三、四挡离合器 K3
		安全隐患	防止离合器无法正常工作
23	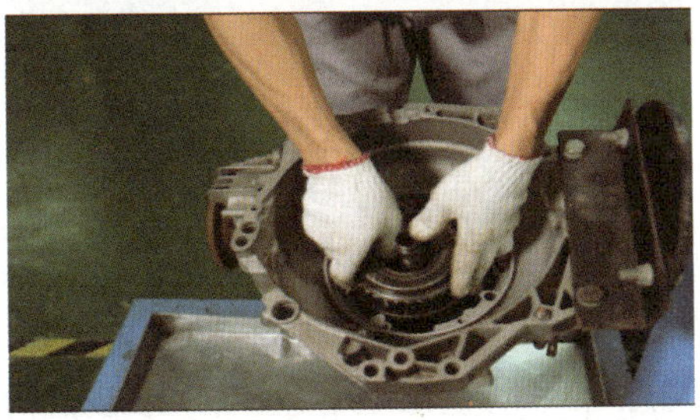	操作内容	安装 K2
		技术要求	装入倒挡离合器 K2
		安全隐患	防止倒挡离合器无法正常工作
24		操作内容	支承管
		技术要求	支承管位置正确
		安全隐患	防止安装不到位，无法完成装配环节

步骤	图示	操作步骤	
25	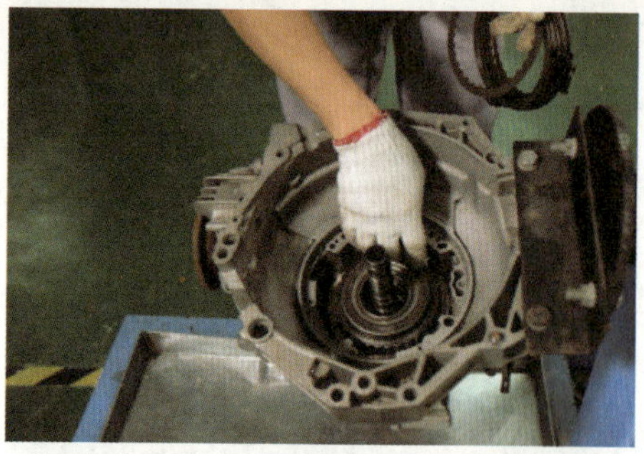	操作内容	安装 B2 制动片
		技术要求	先安装一个 3 mm 厚的外片。将 3 个弹簧帽装入外片，插入压力弹簧。除最后一个外片外，装上所有内外摩擦片。将 3 个弹簧帽装到压力弹簧上。装入最后一个 3 mm 的外片
		安全隐患	制动器无法正常工作
26		操作内容	安装油泵密封垫
		技术要求	安装自动变速器油泵密封垫
		安全隐患	防止自动变速器密封性变差
27		操作内容	安装油泵对准位置
		技术要求	根据记号对准油泵安装孔
		安全隐患	防止无法安装油泵
28		操作内容	安装油泵螺栓
		技术要求	安装自动变速器油泵。注：均匀对角拧紧螺栓
		安全隐患	防止油泵螺栓损坏
29		操作内容	紧固油泵螺栓
		技术要求	拧紧力矩为 8 N·m，然后再拧 90°
		安全隐患	防止力矩不达标，导致螺栓松动
30	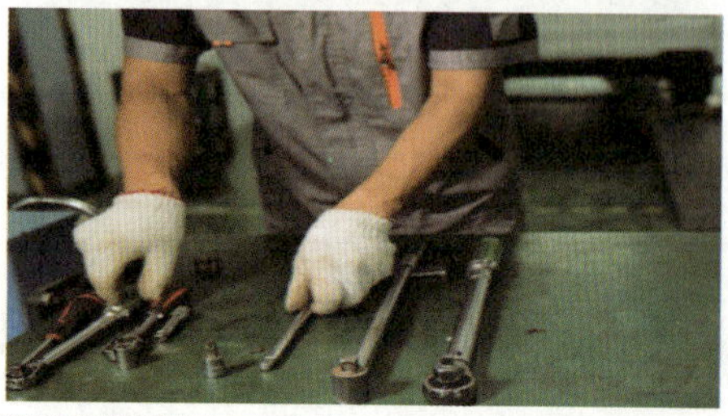	操作内容	工具清洁复位
		技术要求	清洁使用完的工具，对扭力扳手进行归零
		安全隐患	防止工具丢失

实训记录 →

01N 型自动变速器拆装项目工单如下。

测量数据记录			
序号	零部件名称	检查情况	维修措施
1	油泵		
2	B2 制动器		
3	K2 离合器		
4	K1/K3 离合器		
5	大太阳轮		
6	大传动轴		
7	小传动轴		
8	单向离合器		
9	行星齿轮架		
10	B1 制动器		

项目评价 →

01N 型自动变速器拆装评分细则如下。

序号	评分项	评分标准	配分	扣分
1	规范操作、职业精神	1. 规范作业 □ 1.1 检查作业所需工量具设备是否齐全（2分） □ 1.2 检查作业环境是否安全（1分） □ 1.3 使用工具前对工量具进行清洁检查（3分） □ 1.4 作业完成后对工量具进行复位（1分） □ 1.5 作业过程中三不落地（3分） 2. 职业精神 □ 2.1 作业过程安全、规范、严谨操作（5分）	15	
2	应用技能、操作技能	□ 1. 油泵安装位置：做上记号（2分） □ 2. 拆卸油泵螺栓：对角线顺序拆卸（3分） □ 3. 取出总成：分离 B2 制动器、K2、K1/K3 离合器（3分） □ 4. 固定大太阳轮：位置固定正确（2分） □ 5. 拆卸小传动轴螺栓：工具选用正确（3分） □ 6. 取下大太阳轮、大传动轴、小传动轴：正确分离（3分） □ 7. 拆卸卡环：使用工具规范（3分）	70	

序号	评分项	评分标准	配分	扣分
2	应用技能、操作技能	□ 8. 取下行星齿轮架总成：分离行星齿轮架、单向离合器、碟形弹簧（3分） □ 9. 取出 B1 制动器片组、调整垫片：分解 B1 制动器、调整垫片（3分） □ 10. 安装行星齿轮架：转动，确认转动平顺（2分） □ 11. 安装制动器 B1：调整垫片、钢片、摩擦片（4分） □ 12. 安装压片：平面朝向摩擦片（4分） □ 13. 安装碟形弹簧：凸面朝向制动器 B1 的活塞（3分） □ 14. 安装单向离合器：单向离合器上面的油孔应与变速器壳体上的油孔对齐（2分） □ 15. 安装挡圈：开口装到单向离合器定位楔上（4分） □ 16. 安装大太阳轮：安装到位，旋转平稳（1分） □ 17. 安装大传动轴：安装到位，旋转平稳（4分） □ 18. 安装小传动轴：大传动轴和小传动轴之间都有垫片和推力滚针轴承（4分） □ 19. 固定大太阳轮：固定位置正确（2分） □ 20. 安装小传动轴螺栓：拧紧力矩标准（4分） □ 21. 安装 K1、K3：安装到位（2分） □ 22. 安装 K2：旋转平稳，安装到位（2分） □ 23. 安装支承管：位置正确（1分） □ 24. 安装 B2 制动片：安装顺序正确（1分） □ 25. 安装油泵密封垫：方向正确（1分） □ 26. 安装油泵：根据记号对准位置（1分） □ 27. 安装油泵螺栓：先用手带入，再用工具拧紧，对角线原则（1分） □ 28. 紧固油泵螺栓：拧紧力矩标准（1分） □ 29. 整理复位：工具清洁、复位（1分）	70	
3	资料应用	1. 能正确使用维修手册查询资料 □ 1.1 查询小传动轴螺母拧紧力矩（2分） □ 1.2 查询油泵螺母拧紧力矩（3分） □ 2. 能在规定时间内查询所需资料（2分） □ 3. 正确记录所需维修信息（3分）	10	
4	工具及设备使用	□ 1. 能正确选用维修工具（2分） □ 2. 能正确规范使用预调式扭力扳手（3分）	5	
总分			100	

课后练习　→

填写下表中部件名称。

参考文献

［1］陈超杰. 汽车维护典型项目实训［M］. 北京：机械工业出版社，2016.

［2］陈超杰. 汽车检修典型项目实训［M］. 北京：机械工业出版社，2016.

［3］陈超杰，周豪波，蒋勇庆. 汽车发动机检修典型项目实训［M］. 北京：机械工业出版社，2018.

［4］祁长伟. 汽车底盘常见项目检查与维护（书证融通版）［M］. 北京：机械工业出版社，2022.

［5］陈开考. 汽车构造与拆装（上册）［M］. 北京：机械工业出版社，2010.

［6］陈开考. 汽车构造与拆装（下册）［M］. 北京：机械工业出版社，2010.

［7］陈开考. 汽车电工电子技术基础（下册）［M］. 北京：机械工业出版社，2010.